国家出版基金项目
NATIONAL PUBLICATION FOUNDATION

国别商务环境研究系列丛书
（第三批）

总主编　蓝庆新

# 波兰商务环境

蓝庆新　杨盈竹　赵乐祥　主编



对外经济贸易大学出版社
中国·北京

**图书在版编目（CIP）数据**

波兰商务环境 / 蓝庆新，杨盈竹，赵乐祥主编. —
北京：对外经济贸易大学出版社，2023.1
（国别商务环境研究系列丛书. 第三批）
ISBN 978-7-5663-2459-7

Ⅰ. ①波… Ⅱ. ①蓝…②杨…②赵… Ⅲ. ①国际商务-经济环境-研究-波兰 Ⅳ. ①F735.13

中国版本图书馆 CIP 数据核字（2022）第 229789 号



# 波兰商务环境

蓝庆新 杨盈竹 赵乐祥 **主编**
**责任编辑：** 陈培风

对 外 经 济 贸 易 大 学 出 版 社
北京市朝阳区惠新东街 10 号 邮政编码：100029
邮购电话：010－64492338 发行部电话：010－64492342
网址：http://www.uibep.com E-mail：uibep@126.com

三河市少明印务有限公司印装 新华书店经销
成品尺寸：170mm×230mm 11.5 印张 213 千字
2023 年 1 月北京第 1 版 2023 年 1 月第 1 次印刷

ISBN 978-7-5663-2459-7
印数：0 001－2 000 册 定价：68.00 元

# 序　言

波兰地处欧洲中心地区，北濒波罗的海，西邻德国，南接捷克、斯洛伐克，东临俄罗斯、立陶宛、白俄罗斯、乌克兰，连接东西欧的地理优势明显，门户作用突出，区域覆盖面积广。波兰矿产资源丰富，硫磺蕴藏量居欧洲首位，产量居世界第二位。波兰是一个传统农业国家，农业产品类型多且产量较高，是欧洲地区主要的农产品供应国。波兰工业体系以煤炭工业和劳动密集型行业为主，服务业以机动车维修、交通运输、房地产等行业为主。此外，波兰自然风光优美，历史文化遗产丰富，近年旅游业蓬勃发展。

波兰自 1989 年转轨以来，经济始终保持正增长，人均 GDP 由 1992 年的 1 547 美元提高到 2018 年的约 1.5 万美元。2009 年，即使受金融危机影响，在国内消费和公共投资的推动下，波兰是欧盟经济体中唯一的国内生产总值（GDP）呈正增长（1.7%）的国家。波兰于 2004 年加入欧盟，欧盟成员国身份带来的产品免税以及额外的法律保障，加上其自身相对较低的劳动力成本，使波兰吸引了大量外商直接投资（FDI），波兰成为欧盟第八大经济体和世界第二十四大经济体。

中国与波兰具有传统友谊。1950 年，中波签署第一个政府间贸易协定，之后陆续签订了《经济技术合作协定》《相互鼓励和保护投资协定》《避免双重征税和防止偷税漏税协定》。2012 年 4 月，中波签署《关于加强基础设施领域合作协定》，中华人民共和国商务部和波兰共和国经济部签署《关于促进中小企业交流与合作的谅解备忘录》。2013 年，双方签署《中波基础设施指导委员会规则》。2015 年，双方签署《关于共同推进丝绸之路经济带和 21 世纪海上丝绸之路建设的谅解备忘录》。2017 年 5 月，波兰时任总理谢德沃出席首届“一带一路”国际合作高峰论坛。这期间，中波签署《中华人民共和国政府和波兰共和国政府旅游领域合作协议》。近年来，中波双边经贸关系发展总体上平稳顺利，贸易额持续增长，相互投资趋向活跃，合作领域不断拓宽。

本书从波兰政治生态、法律环境、贸易环境、投资环境、金融环境、社会文化环境等多个方面，深入剖析波兰的发展现状及问题，探究波兰未来发展趋势，以便为中国政府、企业、协会与波兰开展投资贸易合作提供必要的信息和决策帮助，加强两国经济互动，促进中国国内大循环带动“一带一路”国际产业链循环发展的联动格局。

编　者

**2022 年 11 月**

# 目　　录

# 第1章
# 波兰概况

## 1.1 波 兰 简 介

### 1.1.1 地理环境

波兰地处中欧与东欧交汇处，西与德国为邻，南与捷克、斯洛伐克接壤，东邻俄罗斯、立陶宛、白俄罗斯、乌克兰，北濒波罗的海，穿过波罗的海可到达斯堪的纳维亚半岛。波兰国土面积相对较大，为 32.26 万平方千米，是欧洲大陆第九大国家，全境地势平坦、广阔，河湖密布。波兰北部为波罗的海海岸，拥有长达 500 千米的沙滩、海湾及悬崖峭壁，南部是山区，东北部是有“千湖之国”之称的马祖里亚。波兰首都华沙属于东 1 时区，比北京时间晚 7 小时，每年 3 月到 10 月实行夏令时，比北京时间晚 6 小时。

1. 地形地貌

波兰地势平坦，国土大部分处于低矮的波德平原，略有起伏，平均海拔 173 米。海拔 200 米以下的平原约占全国面积的 72%。地势南高北低，中部下凹。北部多冰碛湖，南部有低丘陵，靠近捷克边境为苏台德山和贝斯基德山。东北部的湖区林木茂密，人口较少。波兰的主要山脉有喀尔巴阡山脉和苏台德山脉。其中喀尔巴阡山脉构成了波兰同捷克、斯洛伐克以及乌克兰的国界。波兰波罗的海沿岸地区除格但斯克外，缺乏天然良港，而位于西北部的什切青是波兰重要的港口。

2. 气候特征

波兰属海洋性向大陆性气候过渡的温带阔叶林气候。气候温和，冬季寒冷潮湿，平均气温－10℃至 5℃；春、秋季气候宜人、雨水充沛；夏季凉爽，平均温度为 15℃至 24℃。

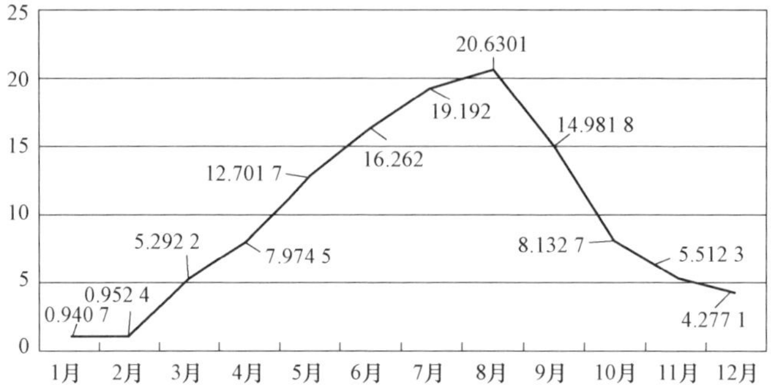


**图 1－1　波兰全年平均气温**（%）

数据来源：波兰环境部。

在波兰，每年的降水量因地区不同而有所差异。全国平均年降水量为 600 毫米；南部丘陵地区和山区降水量最多，为 1 200～1 500 毫米；中部平原地区降水量最少，约为 450～550 毫米；一年之内降水量最多的季节为夏季（5—9 月），约占全年降水量的 40%，主要降水集中在南部山区；降水量最少的时节为春夏之交，主要降水集中在中部地区。

3. 水文分布

较大河流有维斯瓦河和奥得河，其中维斯瓦河被称为波兰的母亲河。全国 99.71% 属波罗的海流域，其中维斯瓦河流域占二分之一，奥得河流域占三分之一。奥得河中下游部分区段为德国和波兰的分界线。波兰最大的湖泊是希尼亚尔德维湖。

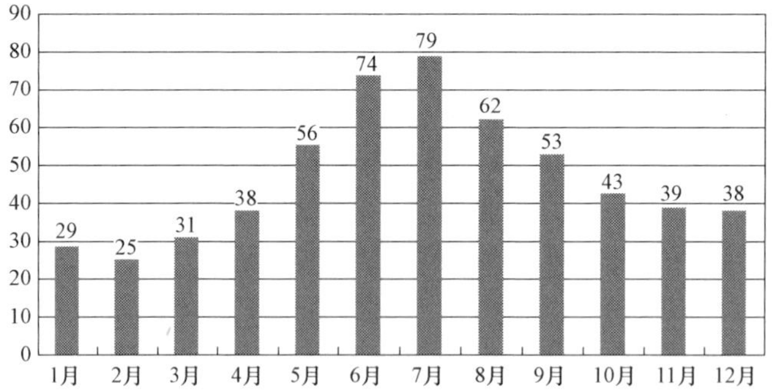


**图 1－2　波兰全年平均降水**（厘米）

数据来源：波兰环境部。

波兰主要的自然灾害是洪水、雪灾及寒流等。在波兰，洪水一般发生在初春冰雪解冻的时节以及夏季降水频发的时候。由于波兰纬度较高，冬季时常下雪，雪灾频发，尤其是南部山区。其他自然灾害有干旱和夏季的龙卷风等。

## 1.1.2 行政区划与人口

截至2022年3月，波兰人口为3 803万。其中波兰族约占97.1%（2016年），此外还有德意志、白俄罗斯、乌克兰、俄罗斯、立陶宛、犹太等少数民族。全国约87%的人口信奉罗马天主教。波兰人口分布较为集中的城市包括华沙、克拉科夫、格但斯克三联城、罗兹、弗罗兹瓦夫、波兹南等。在波兰的华人为一万人左右，主要集中在华沙等大城市。

1999年1月1日起，波兰实行省、县、乡三级行政划分。目前，波兰共有16个省、314个县和66个县级市、2 477个乡。华沙（Warsaw）是波兰第一大城市，年平均气温9.6℃，是波兰的工业、贸易及科学文化中心，也是最大的交通运输枢纽。华沙位于波兰国内中部平原上，坐落在维斯瓦河中游，横跨此河，面积517.2平方千米，是中欧诸国贸易的通商要道，自古以来就是繁华之地。克拉科夫市位于波兰南部离华沙约300千米的维斯瓦河畔，是波兰最大的文化、科学、工业与旅游中心。格但斯克市位于波罗的海沿岸维斯瓦河的入海口，是波兰北部最大的城市，与索波特、格丁尼亚两市形成庞大的港口城市联合体——三联城。其他重要城市还有罗兹、卡托维茨、波兹南等。

**表1－1　　波兰省份面积分布情况**

| 省份 | 面积（平方千米） |
|---|---|
| 下西里西亚 | 19 948 |
| 库亚维－波美拉尼亚 | 17 970 |
| 卢布林 | 25 114 |
| 卢布斯卡 | 13 984 |
| 罗兹 | 18 219 |
| 小波兰 | 15 144 |
| 马佐夫舍 | 35 598 |
| 奥波莱 | 9 412 |
| 喀尔巴阡山 | 17 926 |
| 波德拉谢 | 20 180 |

续表

| 省份 | 面积（平方千米） |
|---|---|
| 滨海 | 18 293 |
| 西里西亚 | 12 294 |
| 圣十字 | 11 672 |
| 瓦尔米亚－马祖尔 | 24 203 |
| 大波兰 | 29 826 |
| 西滨海 | 22 901 |

数据来源：联合国及波兰中央统计局。

**表 1－2　　波兰人口预测**

| 年份 | 人口数 | 男性占比 | 女性占比 | 增长率 |
|---|---|---|---|---|
| 2025 | 37 373 183 | 48.26% | 51.74% | －0.30% |
| 2030 | 36 615 500 | 48.23% | 51.77% | －0.41% |
| 2035 | 35 691 755 | 48.21% | 51.79% | －0.51% |
| 2040 | 34 654 579 | 48.25% | 51.75% | －0.59% |
| 2045 | 33 544 891 | 48.36% | 51.64% | －0.65% |
| 2050 | 32 390 037 | 48.50% | 51.50% | －0.70% |
| 2055 | 31 204 241 | 48.61% | 51.39% | －0.74% |
| 2060 | 29 980 897 | 48.68% | 51.32% | －0.80% |
| 2065 | 28 694 887 | 48.72% | 51.28% | －0.87% |
| 2070 | 27 360 434 | 48.77% | 51.23% | －0.95% |
| 2075 | 26 035 142 | 48.85% | 51.15% | －0.99% |
| 2080 | 24 799 549 | 48.98% | 51.02% | －0.97% |
| 2085 | 23 708 615 | 49.13% | 50.87% | －0.90% |
| 2090 | 22 773 788 | 49.25% | 51.75% | －0.80% |
| 2095 | 21 965 753 | 49.34% | 51.66% | －0.72% |

数据来源：联合国及波兰中央统计局。

## 1.1.3 波兰的历史发展

1. 封建国家的建立和统一时期（10—15 世纪中叶）

12 世纪中叶，博莱斯瓦夫三世（Boleslaw Ⅲ Krzywosty，1102 年—1138 年在位）死后，由于王公、贵族和教会封建大土地所有制的发展和城市的兴起，全国分裂为几个公国，波兰进入封建割据时期，达 200 年之久。

13 世纪，波兰屡遭蒙古人侵袭。在蒙古第二次西征的里格尼茨战役（1241 年）中，波兰损失极为惨重。但在 1287 年—1288 年的克拉科夫保卫战中，波兰人不仅击退了蒙古人，还联合匈牙利人给予蒙古很大打击。

瓦迪斯瓦夫一世（Władyslaw Ⅰ Łokietek，1314 年—1333 年在位）统一大波兰、小波兰、库雅维，于 1320 年在克拉科夫加冕为波兰国王。为抵抗条顿骑士团的侵略，波兰王国和立陶宛大公国以联姻的方式实行王朝联合，立陶宛大公瓦迪斯瓦夫二世·亚盖洛为波兰国王。在波兰的影响下，大部分立陶宛人也皈依了罗马天主教。亚盖洛王朝时期的波兰政治清明，国力强盛，从此开始了一段被波兰史学家称为“黄金时代”的极盛时期。

2. 波兰立陶宛联邦历史（1569 年—1648 年）

波兰－立陶宛组成的联合王国一直都未形成一个统一的中央集权国家，而是一个形式上的国家联盟。1505 年，议会通过宪法，规定未经议会同意，国王无权颁布法律，从而削弱了王权，招致外来势力干预。为了加强王权，1569 年，波兰和立陶宛大公国议会在卢布林通过了成立统一的波兰共和国的决议，即卢布林联盟，史称波兰－立陶宛王国（波兰立陶宛联邦），首都从克拉科夫迁到华沙，该共和国史称波兰第一共和国。

17 世纪后半期，波兰的农奴制进入了危机阶段。1648 年，赫梅利尼茨基领导的哥萨克在乌克兰举行民族起义。统治阶级的内部也分崩离析，1652 年，大贵族迫使议会通过自由否决权。1654 年，沙俄对波兰宣战，并于 1657 年兼并了第聂伯河以东的乌克兰。北方战争初期，波兰被迫追随俄国参战。1655 年，波兰与瑞典的战争爆发，波兰丢失部分领土。1733 年—1735 年，俄、奥与法、西、撒丁为争夺波兰的控制权进行了战争（波兰王位继承战争），严重破坏了波兰的主权和经济。而波兰的黄金时期不但因 1630 年后的一系列战争而结束，原本强大而独立的军事力量也在 18 世纪上半叶的战乱中没落。

3. 第一共和国时期（16 世纪中叶—1795 年）

波兰第一共和国的政治制度被称为“贵族民主制”。这种制度有两个支柱：一个是自由选王制，国王由贵族选举，不是贵族就没有民主权力；一个是自由否决权，只要有一个议员反对，这项议案就不能通过。

18 世纪后半期，波兰生产关系中出现了资本主义萌芽，在西欧启蒙运动影响下，中小贵族和新兴资产阶级发起爱国革新运动，但受到俄国女皇叶卡捷琳娜二世（Catherine Ⅱ）的武装干涉。1772 年，俄国、普鲁士和奥地利对波兰进行了第一次瓜分。波兰人民在法国革命的影响下，把革新运动推向高潮。1791 年 5 月 3 日，波兰四年瑟姆议会通过了《五三宪法》，取消自由否决权，这也是欧洲最早的宪法。叶卡捷琳娜二世再次对波兰进行武装干涉。1793 年，俄普两国对波兰进行了第二次瓜分。1794 年，波兰人民在民族英雄科希丘什科领导下举行起义，后被俄国镇压下去。1795 年，俄、普、奥三国对波兰进行了第三次瓜分。

4. 外国统治时期（1795 年—1918 年）

1809 年，拿破仑一世（Napoléon Ⅰ）在波兰中部建立华沙公国。拿破仑失败后，欧洲列强签署了《维也纳和约》，欧洲恢复了拿破仑战争前的格局，短命的华沙公国被肢解，其西部土地成为波兹南公国，受普鲁士管辖；在克拉科夫成立了中立的克拉科夫共和国（也叫克拉科夫自由市）；在其主要地区成立了波兰会议王国，由俄国沙皇兼领国王。1830 年 11 月 29 日，一批贵族青年在华沙举行起义，结果失败。1846 年，克拉科夫起义也遭失败，克拉科夫被并入奥地利。1848 年，波兰人民又一次掀起革命，迫使普奥当局废除农奴制度。1863 年 1 月的起义遍及波兰王国、立陶宛和白俄罗斯西部。1864 年 3 月 2 日，沙皇政府不得不颁布解放农奴的法令。

1864 年后，波兰王国的资本主义有了很大发展。19 世纪 70、80 年代，波兰完成产业革命。从 1880 年代起，波兰国家民主党、波兰无产阶级党、波兰社会党和波兰王国社会民主党（后改名为波兰王国和立陶宛社会民主党）先后成立。

5. 第二共和国时期（1918 年—1939 年）

1916 年，第一次世界大战进行到关键时期，德国政府许诺建立“独立的波兰国家”；12 月底，德、奥成立了“波兰临时国务会议”，并开始在波兰征兵。1918 年 8 月 29 日，苏俄政府颁布法令，宣布废除沙俄与普、奥签订的关于瓜分波兰的一切条约。1918 年 10 月、11 月，一战接近尾声，奥匈帝国和德国趋于崩解，波兰复国运动也如火如荼地在各地展开。10 月 23 日，在华沙成立了波兰政府，11 月 7 日，社会民主党人则在卢布林成立了波兰共和国临时人民政府。11 月 11 日，波兰政府由约瑟夫·毕苏茨基（Józef Klemens Pitsudski）领导。卢布林政府和克拉科夫的清算委员会也宣布接受毕苏茨基领导。11 月 18 日，毕苏茨基在华沙组建联合政府，成为波兰共和国的国家元首。

1919 年 12 月 8 日，协约国最高委员会在巴黎和会上通过决议，同意重建波兰国家，承认波兰共和国，并建议在俄波之间划一道临时分界线。1920 年 4 月，波军进占乌克兰和白俄罗斯广大地区，苏俄红军进行反击，将波军赶出国境，并将战火烧到波兰的首都华沙，但最后苏俄军队被波军击败。7 月 12 日，英国外交大臣寇松代表协约国致电苏俄，建议停火。7 月 22 日，波兰要求停战。

1921 年 3 月 18 日，波兰与苏俄在里加正式签订《波兰与俄罗斯和乌克兰和平条约》。根据该条约，波兰获得西乌克兰和西白俄罗斯以及立陶宛的一部分，苏俄在这场战争中损失了大片领土,这也为二战时苏联和德国分割波兰埋下了伏笔。1921 年 3 月，议会通过宪法，波兰成为议会制共和国，史称波兰第二共和国。

1924 年，波兰开始在全境推行兹罗提（Poland Zloty，货币代码为 PLN），兹罗提成为当时中欧最稳定的货币之一。波兰还在建国后不久建立了一支武装力量，并参加了苏波战争，波兰骑兵利用自身优势，在华沙城下战胜了强大的苏俄军队，获得了最后的胜利。二战前，波兰陆军在欧洲排名第五。

从 1926 年 5 月毕苏斯基发动军事政变并上台执政开始,波兰境内实行独裁统治，宣传法西斯主义。对外奉行两面策略，在其两个强大邻居——德国和苏联间取得平衡。1932 年，波兰和苏联签订了《波苏互不侵犯条约》；1934 年，波兰和德国签订了《波德互不侵犯条约》。1938 年，波兰共产党被解散，党的主要领导人也被害。

从 1933 年开始，德国的纳粹元首希特勒（Adolf Hitler）开始了攻势。大敌当前，波兰民族主义情绪高涨，拒绝了苏联提出的订立集体安全条约的建议，决心依靠西方国家的帮助来实现国家的独立和安全。事实证明，这种对西方的过分依赖严重束缚了波兰自己的国防建设，并最终葬送了自己的国家。

6. 第二次世界大战时期（1939 年—1944 年）

从 1938 年 10 月起，希特勒向波兰提出波兰走廊的问题，并向波兰发出战争威胁。1939 年 8 月 23 日，苏德签订了互不侵犯条约和划分势力范围的秘密议定书。1939 年 9 月 1 日，德国以闪电战突袭波兰，发动了波兰战役，波兰战役标志着第二次世界大战的全面爆发。德军迅速侵占波兰大部分领土，波兰军民英勇抗战。9 月 17 日，波兰政府逃亡国外，在巴黎组成了流亡政府。1940 年，法国战败后，流亡政府迁往英国。与此同时，9 月 17 日，苏联开始履行《苏德互不侵犯条约》中的义务，同时也建立防范德国的缓冲地带“东方战线”，命令 60 万苏联红军越过苏波边界，进入波兰东部，占领了西乌克兰和西白俄罗斯。9 月 18 日，苏军与德军在布列斯特 – 立托夫斯克会师，德、苏两军分割了波兰。9 月 28 日，德军攻陷华沙，波兰再次沦亡，波兰人民开始了反法西斯民族解放战争。

在波兰反法西斯民族解放战争中，波军死亡 6.63 万人，伤 13.37 万人，被德军俘虏69.4万人，被苏军俘虏或投降苏军的有21.7万人，10万军队逃往邻国。波兰居民遭受巨大伤亡，仅华沙就死亡约25万人，约1万名波兰人被占领后的德军集体枪杀。德军在波军的奋勇抵抗面前也有1.06万人死亡，3.03万人受伤，0.34万人失踪。

1941年，纳粹德国开始利用德占波兰领土为基地，大规模进攻苏联。战争开始阶段，苏联节节败退，德军占领了波兰第二共和国所拥有的领土，苏联西部大部分领土也被德军占领。而后苏联与波兰流亡政府建立外交关系。1942年，流亡政府在国内建立了国民军，同年，苏联支持的波兰共产党人建立了波兰工人党和波兰人民军，在地下同纳粹占领军展开斗争。

随着战争形势的发展，德军很快转攻为守，苏军的反攻将战线逐渐推进到波兰境内。1944年元旦，在波兰工人党的倡议下，波兰成立了全国人民代表会议，由贝鲁特任主席。1944年7月22日，波兰全国人民代表会议在海乌姆组成了波兰民族解放委员会，颁布了具有历史意义的《波兰民族解放委员会宣言》，宣告波兰新国家诞生。

1944年8月，苏联红军推进到了华沙的近郊。波兰地下军想在苏联红军到达华沙前将华沙从德军的占领下解放出来，但苏联出于制衡西方和自身利益等现实方面考虑，并没有给予华沙城内起义军太多的支持。在纳粹德军的血腥镇压下，起义失败，希特勒下令将华沙夷为平地。1945年1月17日，苏波军队解放了已成为废墟的华沙。4月，波苏两国签订了友好互助与经济合作条约。6月，波兰民族解放委员会改组为临时民族统一政府。

根据雅尔塔和波茨坦会议的决定，确定了波兰东、西部边界，东部以寇松线为波苏边界，西部波德边界则向西推移至奥德河—尼斯河线，并把什切青和施维诺威斯划入边界的波兰一侧。这样，波兰的版图整体西移了200多千米，面积也比战前缩小了约7.6万平方千米，大约损失了20%的领土。

7. 人民共和国时期（1944年—1989年）

1947年，波兰走上了社会主义的发展道路。1948年12月，波兰工人党和波兰社会党合并，成立了波兰统一工人党。1949年10月7日，波兰与中华人民共和国建立外交关系。从1950年起，波兰开始执行发展国民经济的六年计划。

1952年，波兰改国号为波兰人民共和国，并通过波兰人民共和国宪法。即使波兰建立社会主义具有先天不足的缺陷，但以贝鲁特为首的波兰政府的教条主义者还是全盘接受了苏联的发展模式，结果使国民经济比例严重失调，重工业片面发展，农业长期落后，物价飞涨，货币贬值，人民生活水平下降。

1956年6月，波兰西部工业城市波兹南的斯大林机车厂的工人要求增加工资、减少税收，被当局拒绝。1956年6月28日，波兹南市爆发了十万人的示威活动，后演变成警察和工人的枪战，坦克和保安部队也参加了对工人的镇压，54 人死亡，2 000 多人受伤，300 多人被捕。为了平息局势，波兰当局采取了缓和矛盾的措施，骚动遂平息下去。

1956 年 10 月 19 日，哥穆尔卡（Wtadytaw Gomutka）当选为波兰统一工人党中央委员。在苏波两党会谈中，哥穆尔卡反对苏联对波兰内政的干涉和压力。在同年 10 月举行的党的二届八中全会上哥穆尔卡当选为第一书记。1956 年—1960 年波兰的五年计划把发展消费品生产和农业、提高人民生活水平作为主要任务。会议对以前的方针政策进行了批评，提出“克服官僚主义和教条主义”“加强法制和政治生活民主化”“发展经济”“更快地改善人民生活”的新方针。但由于苏联模式的严重缺陷无法根本克服，在以后的两个五年计划(1961 年—1970 年）期间，波兰国民经济比例依然严重失调。

1970 年 12 月，波兰又一次面临危机。格但斯克（原但泽市）等沿海城市的工人、学生、市民抗议政府提高食品和日用品的价格，举行罢工，并导致了一场严重的社会骚动，后来发展成流血冲突。在 12 月 20 日举行的五届七中全会上，哥穆尔卡第一书记的职务被解除，由盖莱克（Edward Gierek）继任党的第一书记，西伦凯维兹（Józef Cyrankiewicz）改任国务委员会主席，雅罗谢维奇（Piotr Jaroszewicz）任部长会议主席。

20 世纪 70 年代是波兰战后经济发展最快的时期，盖莱克政府踌躇满志地推行“高速度、高积累、高消费”的所谓“三高政策”，大量引进外资，大上建设项目，大幅度提高人民生活水平。然而，欲速则不达，在表面繁荣的背后，70 年代末，波兰政府各种补贴达到财政预算的 40%，外债高达 260 亿美元。

进入 20 世纪 80 年代，波兰政府不得不采取冻结工资和部分商品提价的措施以避免危机。长期习惯于计划价格的波兰人毫无心理准备。群众的不满引发了全国性的罢工。1980 年，一个在当时声名显赫的工会组织，也是东欧第一个独立的工会组织——团结工会出现了，瓦文萨当选为当时团结工会的领导人，开始在波兰政坛崭露头角。团结工会领导的罢工运动最初采取和平方式，并承认社会主义是波兰的政治基础，承认统一工人党的领导作用和与苏联结盟。1981 年，波兰第一次全国代表大会在格但斯克举行，大会决定成立全国委员会，取代全国协商委员会，建立“自治共和国”，并称团结工会是波兰改革的主力。工会纲领中未提到社会主义及统一工人党的领导作用。在罢工运动中，工会提出要有自己的报刊、有自由出版权，要“自下而上夺权”。

1981 年 12 月 13 日，波兰宣布进入战时状态，团结工会被取缔，瓦文萨等工会领导人被拘禁，部分工会骨干转入地下活动。工会内部分成两派，以瓦文萨为首的缓和派主张避免同政府发生正面冲突，提倡协商对话；激进派则主张通过暴力推翻政府。随之社会上也发生重大分化，原支持团结工会的人转向支持政府。1982 年 2 月，议会通过新的工会法，要求重建新的工会。1983 年 7 月，战时状态结束。1984 年，波兰宣布大赦，而瓦文萨等人则努力为使团结工会合法化而斗争。波兰局势进入了短暂的稳定期。

8. 第三共和国时期（1989 年至当代）

1988 年，波兰政府的价格改革引起群众不满。1989 年 2 月—4 月，波兰统一工人党与团结工会等反对派举行圆桌会议，经讨论，统一工人党同意团结工会合法。6 月，波兰举行全国大选，团结工会获得 99%的参议院席位。9 月 12 日，团结工会的马佐维耶茨基组成以团结工会为主导，包括统一农民党和民主党的联合政府。原统一工人党领导人雅鲁泽尔斯基（Wojciech Jaruzelski）出任首任总统，任期 6 年。同年 12 月 29 日，议会通过宪法修正案，更改国名、国徽、国家性质，改国名为波兰共和国，波兰正式走上了政治上奉行西方式的议会民主、经济上实行以私有化为基础的市场经济的发展道路。不久，雅鲁泽尔斯基辞去波兰统一工人党总书记职务。1990 年 1 月 27 日，波兰统一工人党召开十一大。1990 年，瓦文萨提出竞选总统，遭到以马佐维耶茨基（Tadeusz Mazowiecki）为首的政府派的反对。团结工会内部分裂为支持瓦文萨（Lech Walesa）的中间派协议会和支持马佐维耶茨基的公民运动民主行动会。

1990 年 11 月，波兰举行大选，瓦文萨在第二轮投票中获胜，当选总统。他提出在经济上发展以私有制为基础的市场经济。从此，波兰实现了政权的更迭和政治制度的改变，并开始向西方靠拢。1995 年，瓦文萨在总统竞选时输给克瓦希涅夫斯基。1997 年 4 月，波兰国民大会通过新宪法，确立了三权分立的政治制度和以社会市场经济为主的经济体制。1999 年，波兰加入北大西洋公约组织（简称北约，NATO）。2003 年 6 月，波兰举行全民公决，决定加入欧洲联盟（简称欧盟，EU）。2004 年，波兰和其他 10 个欧洲国家一道正式加入欧盟。

## 1.2 波兰政治经济概况

### 1.2.1 政治体制

【总统】总统是国家的最高代表，负责维护宪法和国家的安全。总统由全民直接选举产生，任期 5 年。现任总统安杰伊·杜达（Andrzej Duda）于 2015 年 5 月

25日当选，8月6日宣誓就职；2020年7月连任，8月就任总统。

【议会】议会由众议院和参议院组成，是国家最高立法机构。众议院议员460名，参议员100名，均通过直接选举产生，任期4年。参、众两院在议员中各选出议长1人，副议长若干人，并选出各委员会。议长、副议长组成的主席团是议会的最高领导机构。议员可以根据所属党派组成议员团，无党派议员组成议员组或与其他议员团合作。议会的主要职权是：制订和颁布法律；通过关于规定国家活动基本方针的决定；对其他国家权力机关和管理机关的活动实行监督；任免部长会议或其个别成员；批准以若干年为期的国民社会经济计划；批准年度国家预算；通过同意政府执行上年度预算结果和国民社会经济计划的决议。议会也可组建特别委员会，对激起公众强烈反响的具体事件进行调查，并可通过不信任投票来体现对政府的不信任等。

【政府】总理由总统提名，议会任命。各部部长由总理提名，议会任命。

【司法机构】最高法院是国家最高审判机关。最高法院对下属法院的审判活动实行监督。法官由总统任命。1990年3月，波兰众议院通过检察院法，规定检察院作为一个司隶属于司法部，由司法部长兼任总检察长。

【军事】1943年10月12日，波兰人民军建立。1990年，波兰人民军更名为波兰军队。总统为武装力量最高统帅。国防委员会是最高国防决策机构，总统任该委员会主席。国防部作为最高军事行政机关，负责执行议会对军队的政治领导和行政保障，部长由文职人员担任。总参谋部是国防部领导下的最高军事指挥机构，负责军队的指挥和训练。

1. 宪法

1997年4月2日，波兰国民议会通过《波兰共和国宪法》(以下简称新宪法)，并于1997年10月17日生效。新宪法确立了三权分立的政治制度和以社会市场经济为主的经济体制。

2. 政党

根据1998年实施的新政党法，在波兰必须收集1 000名以上成年人的签名才可建立政党。目前波兰已注册登记的政党有200余个，有影响力的政党有：

（1）法律与公正党

执政党。2001年6月成立，党员约3万人（截至2016年12月）。该党具有新保守主义、基督教民主主义和经济国家主义性质。政治上，主张实行政治家财产公开制度，建立反腐机构，同犯罪现象做斗争，严惩犯罪分子，甚至主张临时恢复死刑，实行向家庭倾斜政策；外交上，主张亲美近欧、睦邻周边，同时强硬维护本国利益。该党由曾担任总理、总统的卡钦斯基兄弟创立，后莱赫·卡钦斯基（Lech Aleksander Kaczyński）总统不幸于2010年坠机而亡，哥哥雅罗斯瓦夫·卡钦斯基（Jaroslaw Kaczyński）为该党主席，对该党影响深远。该党成员马泰乌什·莫拉维茨基（Mateusz Morawiecki）目前为波兰总理。

（2）公民纲领党

最大在野党。2001年1月成立，党员约4.3万人（截至2016年12月）。由曾于2000年参加总统选举的独立候选人奥莱霍夫斯基，原“团结选举行动”成员、时任众议长普瓦任斯基，以及原自由联盟成员、时任参议院副议长图斯克（Donald Tusk）共同倡议并组建。该党在意识形态上兼具保守自由主义、新自由主义和基督教民主主义色彩。主要纲领为：发展教育和经济，与贪污腐败做斗争，使国家非政治化及对农村进行结构改造。2008年—2015年，该党曾为主要执政党，现党主席为格里高日·谢蒂纳。

（3）“库齐兹”运动

在野党。2015年7月创立。波兰音乐家、下西里西亚省议员保罗·库奇兹（Pawel Kukiz）因参加2015年总统竞选，意外获得超过20%的选票，后组建政治组织“库齐兹”运动。政治主张偏右翼保守，包括领导波兰政治变化、引进议会选举的单议席选区制度、主张经济自由。现任党主席保罗·库奇兹。

（4）现代波兰党

在野党。由经济学家雷沙德·佩特鲁（Ryszard Petru）于2015年5月创立，党员约6 000人（截至2017年9月）。具有新自由主义色彩。政治上持中间立场，主张经济自由、简化税收、取消不同人群退休年龄特权、取消对工会活动的资金支持、取消政党活动的财政支持、对不同宗教和政见者一视同仁以及对教育体制进行适应市场需求的改革。现任党主席卡塔日娜·卢布娜乌尔。

（5）人民党

在野党。曾经与公民纲领党结为执政联盟。该党历史可追溯到19世纪。东欧剧变后，该党于1990年5月重新创立，党员约12.3万人（截至2016年）。该党在意识形态上具有中间主义、新平均地权主义、基督教民主主义和新凯恩斯主义的性质。主张国家扶持农业，提供免费教育和医疗，放缓私有化步伐，反对单一税制，支持欧洲一体化。现任党主席为伏瓦迪斯瓦夫·科希尼亚克－卡梅什（Wladyslaw Kosiniak-Kamysz）。

（6）“你的运动”党

原帕里克特运动党，在野党，2010年10月成立。主要纲领是终止公立学校的宗教教育，终止教会的国家补助，堕胎合法化，允许同性恋婚姻，改革选举制度，改革国家安全局，取消参议院。

其他主要政党有：民主左翼联盟党、团结波兰党、波兰社会民主党、民主党、自卫党和波兰家庭联盟党等。

## 1.2.2 政府部门

波兰有18个政府部门，名称和职能如表1－3所示。

表1－3 波兰政府部门、职能及下设机构

| 部门名称 | 职能 | 下设机构 |
| --- | --- | --- |
| 文化与国家遗产部 | 负责知识自由、媒体自由、文化机构、文化教育以及文化方面的投资 | 国家档案馆 |
| 科学和高等教育部 | 负责与大学合作；为科学家提供支持以及在高等教育领域施行有关战略 | 国家研发中心、国家科学中心、波兰国家学术交流局（NAWA）以及波兰科学院 |
| 能源部 | 负责提出波兰能源政策；参与制定欧盟能源政策；开发新能源、保证能源安全以及监督管理能源基础设施和采矿活动 | 战略资源储备局、波兰PGE能源集团 |
| 外交部 | 负责波兰和其他国家及国际组织的外交关系；支持波兰海外文化和教育机构；促进波兰语言和文化“走出去”；组织和监管波兰驻外使领馆的有关活动 | 国家安全局（ABW）、波兰国际关系研究院（PISM）以及中东欧研究院 |
| 教育部 | 负责制定学龄前教育、小学、中学和职业技术学校的项目和教材；举办国家考试；提供奖学金以及招聘公立学校教师 | 国家考试委员会、教育发展中心以及波兰科学院 |
| 司法部 | 负责拟定波兰司法法律；为罪犯再适应社会制定计划和提供支持；管理国家法院注册和国家罪犯注册系统 | 司法局、政府法律中心 |
| 企业与技术部 | 负责支持企业发展创新；促进波兰城市空气清洁；研发投入和支持初创企业发展 | 中央测量局、政府采购办公室以及波兰专利局 |
| 发展部 | 负责欧盟基金、交通和基础设施建设以及区域发展 | 中央测绘局、工业发展局、波兰企业发展局（PARP）、技术检查局（UDT）、国家专利局、波兰投资贸易局（PAIH）以及波兰认证中心等机构 |
| 财政部 | 负责政府预算和财务、管理财政机构以及协调财政政策 | 银行担保基金、波兰投资贸易局（PAIH）、国家投资银行（BGK）以及波兰测试与鉴定中心 |
| 基础设施和建设部 | 负责执行欧盟基金；发展高速公路和铁路系统 | 国家公路与高速公路总局、主要公路运输检查局、测地与绘图总局以及建设监督局 |

续表

| 部门名称 | 职能 | 下设机构 |
| --- | --- | --- |
| 体育运动和旅游部 | 负责体育运动有关政策；激励波兰人民运动积极性；为专业运动组织挑选会员以及管理运动相关的投资 | 波兰旅游组织 |
| 内务和行政部 | 负责管理波兰政府部门制服人员（警察、消防员和边境检查等）；控制国家信息流动和移民问题 | 国家安全局（ABW）、政府护卫局（BOR）、移民局、公安局、消防局、关税管理局以及边境管理局 |
| 海洋经济和内河航运部 | 负责海洋运输和海洋环境保护；管理海洋经济相关的国有企业；发展内河航运 | 内陆水道局、海事局 |
| 农业和农村发展部 | 负责促进波兰食品出口和农村地区发展 | 农业重组和现代化局、国家农业支持中心（KOWR）、首席兽医检查署以及农业社会保险基金（KRUS） |
| 国防部 | 负责领导非战争时期的波兰军队（战争时期总统负责军队指挥）；管理后备军队和波兰海外执行任务的部队；制定军队财政政策和提出国防计划 | 国家安全局、军事资产管理局 |
| 卫生部 | 负责监督国家卫生基金（NFZ）和医务人员；协调制定国家卫生政策 | 首席药物检查司、首席卫生检查司、国家卫生基金（NFZ）、酒精相关问题预防中心、国家公共健康和卫生研究院 |
| 家庭、劳动和社会政策部 | 负责减少失业率；制定工作标准；与工会和非政府组织合作；监督退休金和制定扶持波兰家庭政策等 | 波兰社会保险局（ZUS）、残疾人康复国家基金 |
| 数字化部 | 旨在推动波兰数字化办公、监督网络安全和个人网上数据保护以及对外交流与合作 | 信息技术中心 |

数据来源：编者统计。

## 1.2.3 地方政府部门

波兰地方政府每四年举行一次选举，选出各级议会和政府代表。根据波兰行政区划，波兰共有16个省、314个县、66个县级市、2 477个乡。

1. 省议会

省议会是指波兰16个省的地区议会。省议会的规模取决于各省人口规模，人口较少省份的议员只有30人，而人口稠密的省份（如马佐夫舍省）则有51名议员。

省议会可以讨论和通过中央政府管辖外的地方法律法规。20世纪90年代以来，波兰省议会和相应的执行委员会的权力不断增强，包括制定经济发展战略、管理各省铁路运营、废物和水处理、环境保护、地区遗产保护、对省预算进行投票以及任命各省公路监督管理董事会。但是，省议会无权为各省制定税法进行收税，在财政上仍然依靠中央政府。

2. 省长（Marshall）

省长是省政府的领导，由省议会（Sejmik）选举产生（选票须超过半数），是地区的实际最高领导。若地方想解除省长职务需获得省议会五分之三的不信任投票，同时也会解散省执行委员会。若省长触犯宪法或地方法律，总理也可以在省督的要求下解除省长职务。

省长的职责包括：省级日常行政管理；在公共事务中作为省政府的最高代表；为省议会执行机构的工作提供支持；负责省级层面的国际事务；组织执行委员会和省政府的工作。

3. 省督（Voivode）

波兰在各省设置了省督。省督由波兰总理任命，负责监督地方政府的行政管理。除此之外，省督的职责包括：作为中央政府代表，协调中央政府在地方的管理；向中央政府报告地方政府的违法行为，因地制宜执行中央政府在地方的政策。

4. 市议会

市议会的主要工作包括：制定市预算；制定地方税收政策；监管土地出售和租赁；在金融机构进行长期贷款；为地方制定安全项目；减少失业率和管理地方公路。

5. 县/镇议会

县/镇议会的主要职责是：为街道命名；制定县/镇发展规划和预算；监督县长和镇长的行为；制定地方税收政策和经济项目。

6. 市长/县长/镇长

波兰将人口大于10万的城市的市政府负责人称为President，人口小于10万人的市政府负责人称为Burmistrz。需要注意的是，这些称谓也适用于县级和镇级的政府领导。市长/县长/镇长的主要职责包括：对外代表市/县/镇；执行预算；为地方重要项目提供资金支持；管理地方公路和公共资产；任命政府采购委员会人员和决定政府采购报价。

### 1.2.4 经济环境

1989年剧变后，“休克疗法”导致波兰经济一度下滑。1992年起，波兰经济止跌回升，并逐步成为中东欧地区发展最快的国家之一。加入欧盟后，波兰经济更是突飞猛进，2007年，增幅达6.5%。同时，公共财政赤字持续增加、劳动人口大量流失、失业率较高等问题也较突出。2009年，受国际金融危机影响，波兰经济明显下滑，但仍好于欧盟多数国家，为欧盟内唯一实现正增长的国家。

波兰是欧盟唯一的自2008年以来没有遭遇过经济衰退的国家。波兰的人均名义国内生产总值（GDP）较高，且近年来持续上升。2011年—2017年，波兰经济持续增长。2017年，波兰GDP约合4 914亿美元（兹罗提本年度大幅升值），本币计算GDP增长4.6%；人均GDP约为1.3万美元。

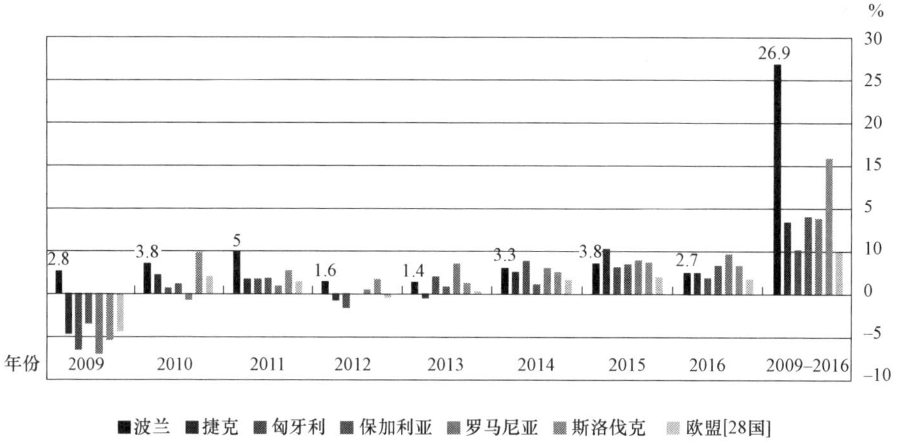


**图1–3 波兰与中东欧、欧盟国家经济积累增长率对比**

数据来源：欧盟统计局，2017年8月。

**表1–4 2014年—2019年波兰主要经济数据**

| 宏观经济数据 | | | | | | |
|---|---|---|---|---|---|---|
| 指标 \ 年份 | 2014 | 2015 | 2016 | 2017 | 2018 | 2019 |
| 名义GDP（亿美元） | 5 452.84 | 4 775.68 | 4 718.43 | 5 265.94 | 5 860.15 | 6 100.42 |
| 人均GDP（美元） | 14 343 | 12 566 | 12 428 | 13 872 | 15 426 | 15 538 |
| GDP增速（%） | 3.3 | 3.8 | 3.1 | 4.9 | 5.1 | 4.1 |
| 通货膨胀率（%） | 0.5 | 0.76 | 0.42 | 0.52 | 2.01 | 2.227 |
| 国际收支 | | | | | | |
| 商品出口（亿美元） | 2 200.67 | 1 992.01 | 2 025.33 | 2 310.06 | 2 606.01 | 2 640.19 |
| 商品进口（亿美元） | 2 235.72 | 1 965.5 | 1 972.96 | 2 305.96 | 2 664.97 | 2 620.04 |
| 经常账户余额（亿美元） | –114 | –26 | –24 | 6.02 | –32.8 | 25.14 |
| 经常账户余额占GDP比重（%） | –2.09 | –0.54 | –0.51 | –0.11 | –0.56 | 1.5 |
| 国际储备（亿美元） | 1 004 | 949 | 1 144 | 1 133 | 1 170 | 1 149 |

续表

| 宏观经济数据 | | | | | | |
|---|---|---|---|---|---|---|
| 指标 \ 年份 | 2014 | 2015 | 2016 | 2017 | 2018 | 2019 |
| 汇率波动 | | | | | | |
| 年均汇率（本币/美元） | 3.15 | 3.77 | 3.94 | 3.78 | 3.61 | 3.84 |
| 年末汇率（美元/本币） | 0.29 | 0.26 | 0.24 | 0.29 | 0.27 | 0.26 |
| 实际有效汇率 | 101.98 | 100 | 95.77 | 98.43 | 99.81 | 98.98 |

数据来源：波兰中央统计局。

**表 1－5　　2009 年—2018 年波兰各生产指数情况**

| 指数 \ 年份 | 2009 | 2010 | 2011 | 2012 | 2013 | 2014 | 2015 | 2016 | 2017 | 2018 |
|---|---|---|---|---|---|---|---|---|---|---|
| 消费品和服务的价格指数 | 103.5 | 102.6 | 104.3 | 103.7 | 100.9 | 100.0 | 99.1 | 99.4 | 102.0 | 101.6 |
| | 103.5 | 103.1 | 104.6 | 102.4 | 100.7 | 99.0 | 99.5 | 100.8 | 102.1 | 101.1 |
| | 127.9 | 131.2 | 136.8 | 141.9 | 143.2 | 143.2 | 141.9 | 141.0 | 143.8 | 146.1 |
| | 111.6 | 114.5 | 119.4 | 123.8 | 124.9 | 124.9 | 123.8 | 123.1 | 125.6 | 127.6 |
| 工业销售产品价格指数 | 103.4 | 102.1 | 107.6 | 103.3 | 98.7 | 98.5 | 97.8 | 99.9 | 102.9 | 102.1 |
| | 102.1 | 106.2 | 108.2 | 98.9 | 99.0 | 97.3 | 99.2 | 103.2 | 100.3 | 102.2 |
| | 109.9 | 112.2 | 120.7 | 124.7 | 123.1 | 121.3 | 118.6 | 118.5 | 121.9 | 124.5 |
| | — | 100.0 | 107.6 | 111.2 | 109.8 | 108.2 | 105.8 | 105.7 | 108.8 | 111.1 |
| 农业总产出价格指数 | 93.8 | 108.6 | 116.6 | 103.3 | 100.9 | 92.9 | 97.4 | 97.9 | 111.6 | 98.3 |
| | 121.8 | 132.3 | 154.3 | 159.4 | 160.8 | 149.4 | 145.5 | 142.4 | 158.9 | 152.0 |
| | 114.0 | 123.8 | 144.4 | 149.2 | 150.5 | 139.8 | 136.2 | 133.3 | 148.8 | 142.3 |
| | — | 100.0 | 116.6 | 120.4 | 121.5 | 112.9 | 110.0 | 107.7 | 120.2 | 115.0 |

数据来源：wind 数据库。

## 1.2.5　部门经济

1. 农业发展概况

农业是波兰经济的重要组成部分，农业用地面积 1 893.1 万公顷，占国土面积的 60.5%，居欧洲第三位（仅次于法国和西班牙），人均农业用地 0.5 公顷。

其中耕地面积 1 397 万公顷，占 73.8%。居住在农村的人口 1 480 万，占全国总人口的 38.8%。农林牧业就业人数 208.94 万，占全国就业总数的 14.7%，居欧盟第二位（仅次于罗马尼亚）。历史上，波兰曾是欧洲的主要农产品供应国，特别是波兰出产的奶、水果、蔬菜，在欧洲市场上有较强的竞争力，被称为“欧洲的果园”。

波兰主要生产黑麦、马铃薯、水果、蔬菜、猪肉、牛肉、牛奶及奶制品。小麦、马铃薯、甜菜、油菜籽等产量均居欧洲前十位，肉制品、洋葱、卷心菜和菜花等果蔬产量也居欧洲前列。波兰是世界第一大野樱莓种植国，第二大黑加仑、树莓及黑麦种植国，第三大樱桃、蓝莓和燕麦种植国，第四大蘑菇和苹果种植国，是欧盟第四大牛奶生产国。波兰农产品的三分之一供出口，其中 70%出口到欧盟国家（其中超过三分之一销往德国）。波兰农民享受欧盟农业补贴。

（1）种植业

主要农作物有黑麦、小麦、马铃薯、饲料作物、甜菜、油菜及水果等，是欧盟第一大苹果生产国，苹果产量占欧盟总产量的五分之一，其他水果种类还包括樱桃、李子和梨。近年来，波兰通过不断减少土豆的播种面积来增加油料作物的种植面积，以满足生物燃料生产的需求。

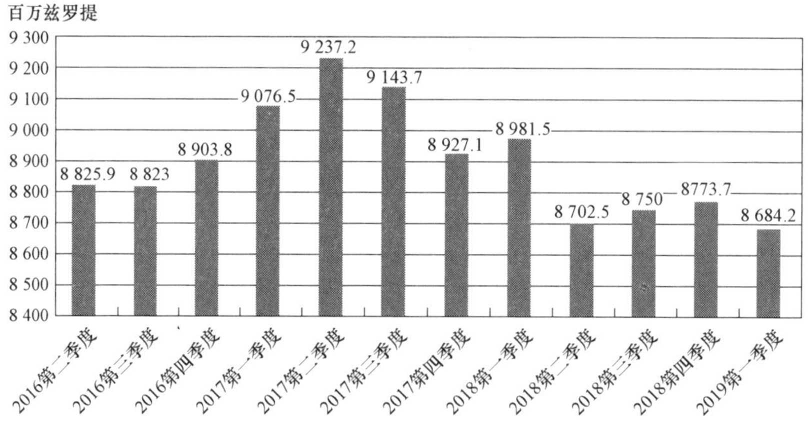


**图 1－4　2016 年—2019 年波兰农、林、渔业生产总值**

数据来源：wind 数据库。

（2）畜牧业

波兰畜禽养殖以牛、猪、羊、马和鸡为主，其中养猪业占据最主要地位。此外，波兰还是世界著名的毛皮生产国，主要产狐狸皮和河鼠皮。

（3）渔业

波兰渔业包括波罗的海渔业、远洋渔业和内陆渔业三部分，渔业资源较为丰富。欧盟通过制定的规则管理波兰渔业，并提供资金支持。

**表 1－6　　波兰农产品价格指数**（以现价计）

| | 2011年 | 2012年 | 2013年 | 2014年 | 2015年 | 2016年 | 2017年 | | | | |
|---|---|---|---|---|---|---|---|---|---|---|---|
| | 前一年＝100 | | | | | | | 2000＝100 | 2005＝100 | 2010＝100 | 2015＝100 |
| 总产出 | 102.2 | 99.1 | 103.4 | 105.5 | 96.1 | 107.1 | 101.4 | 131.3 | 124.0 | 115.3 | 108.6 |
| 私营农场产出 | 103.8 | 98.7 | 102.6 | 105.8 | 95.4 | 108.3 | 102.2 | 130.4 | 124.9 | 117.5 | 110.7 |
| 最终产出 | 103.6 | 99.0 | 106.0 | 103.7 | 97.0 | 107.9 | 100.3 | 149.2 | 129.9 | 118.4 | 108.2 |
| 私营农场产出 | 105.5 | 98.8 | 105.1 | 104.1 | 96.1 | 109.3 | 100.8 | 147.9 | 130.0 | 120.8 | 110.2 |
| 市场产出 | 103.8 | 101.2 | 104.7 | 102.1 | 99.3 | 105.7 | 101.6 | 151.4 | 136.2 | 119.6 | 107.4 |
| 私营农场产出 | 106.8 | 101.4 | 104.1 | 102.1 | 98.4 | 105.1 | 103.5 | 151.0 | 138.2 | 123.3 | 108.8 |

数据来源：wind 数据库。

**表 1－7　　2015 年—2017 年波兰主要农作物生产和产量**（单位：千吨）

| 年份<br>主要农作物 | 2011—2015 | 2015 | 2016 | 2017 |
|---|---|---|---|---|
| 谷物类 | 28 743 | 28 003 | 29 849 | 31 925 |
| 小麦 | 10 004 | 10 958 | 10 828 | 11 666 |
| 黑麦 | 2 731 | 2 013 | 2 200 | 2 674 |
| 大麦 | 3 353 | 2 961 | 3 441 | 3 793 |
| 燕麦 | 1 344 | 1 220 | 1 358 | 1 465 |
| 小黑麦 | 4 489 | 5 339 | 5 102 | 5 312 |
| 土豆 | 7 708 | 2 250 | 2 414 | 2 847 |
| 甜菜 | 11 622 | 3 156 | 4 343 | 4 022 |
| 油籽 | 2 515 | 718 | 677 | 609 |

数据来源：wind 数据库。

2. 工业发展概况

（1）主要能源及分布

主要矿产有煤、页岩气、硫磺、铜、锌、铅、铝、银等。截至 2017 年年底，波兰已探明硬煤储量为 604.96 亿吨，褐煤 233.85 亿吨，硫磺 5.0 亿吨，铜银 19.32 亿吨。截至 2018 年年底，森林（绿地）面积 953.4 万公顷，森林覆盖率 30.5%。

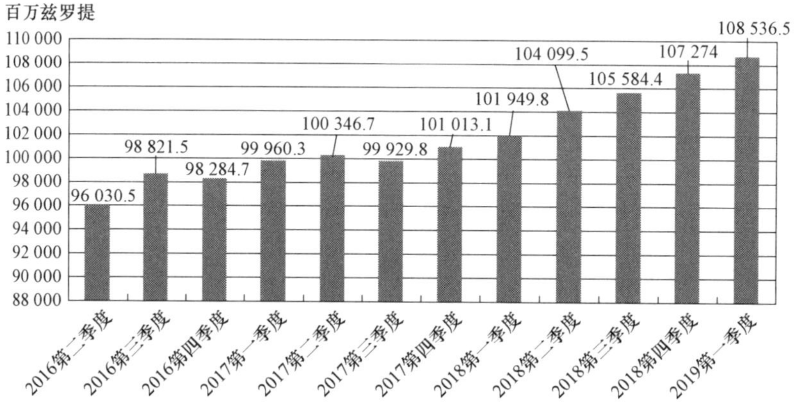


**图 1-5　2016 年—2019 年波兰工业生产总值**

数据来源：wind 数据库。

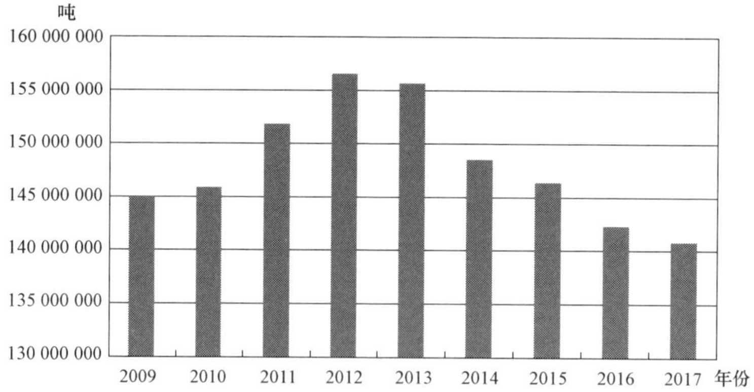


**图 1-6　2009 年—2017 年波兰矿产生产数据**

数据来源：United States Geological Survey（USGS）。

波兰的煤炭储量约 1 170 亿吨，居欧洲第四位，产量和出口量也居世界前列。其中，硬煤 972 亿吨，主要分布在西里西亚和卢布林地区，可供开采 160 年以上；

褐煤198亿吨，分布在波兰中部和西南部，可供开采30年以上。波兰是俄罗斯之后欧洲第二大硬煤生产国和出口国，也是褐煤的重要生产国。

波兰的石油和天然气储量少，主要依赖进口。石油储量为6 440万吨（可开采的石油为1 000万吨）。天然气储量估计为1 180亿立方米，国内天然气产量占需求量的37%左右。另外，据波兰地理协会评估，页岩气储量为3 460亿～7 680亿立方米，为欧洲最大。

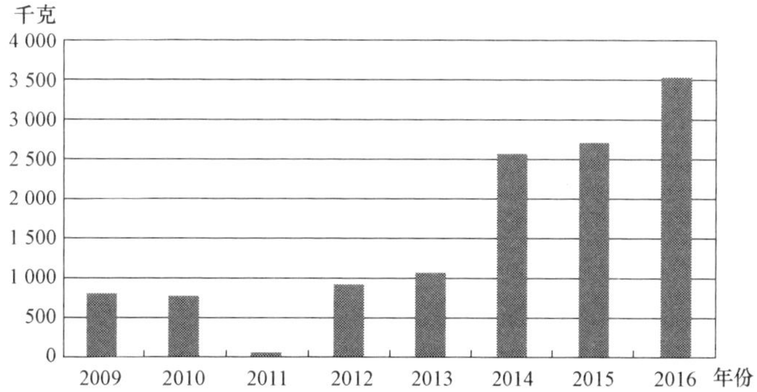


**图1－7　2009年—2016年波兰黄金生产数据**

数据来源：USGS。

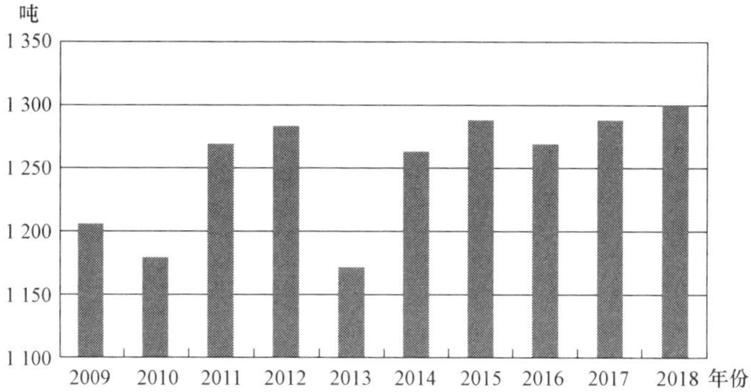


**图1－8　2009年—2018年波兰白银生产数据**

数据来源：USGS。

其他矿产分布、储量情况如下。

硫磺：储量超过1亿吨，居欧洲之首，主要分布在维斯瓦河中游。

铜：储量为16亿吨，居欧洲之首（约占世界储量的10%），大多分布在下西里西亚地区、西部戈茹夫地区。以目前的开采速度，还可开采40年。铜矿藏厚度不等，含银量较大，开采收益率较高。波兰是欧洲第二大世界第九大产铜国，电解铜年产量为58万吨（2012年）。

**表1-8　　2009年—2018年波兰矿产生产情况**

| | 2009年 | 2010年 | 2011年 | 2012年 | 2013年 | 2014年 | 2015年 | 2016年 | 2017年 | 2018年 |
|---|---|---|---|---|---|---|---|---|---|---|
| 矿产生产(吨) | 145 198 028 | 145 920 970 | 152 000 061 | 156 611 687 | 155 677 176 | 148 604 394 | 146 458 678 | 142 348 499 | 140 828 443 | — |
| 黄金生产（千克） | 814 | 766 | 704 | 916 | 1 066 | 2 575 | 2 703 | 3 539 | — | — |
| 白银生产(吨) | 1 207 | 1 181 | 1 270 | 1 284 | 1 170 | 1 264 | 1 290 | 1 270 | 1 290 | 1 300 |

数据来源：USGS。

银：波兰的银储量和储量基础居世界首位，分别为5.1万吨和14万吨，占世界银储量和储量基础的18.8%和24.6%。

铅和锌：储量为350万吨，居世界第一位，主要分布在南部的卡托维兹地区。

钾盐和食盐：总储量约为60亿吨，在欧洲名列前茅。

琥珀：波兰琥珀储量很大，价值近千亿美元，是世界琥珀生产大国，有几百年开采琥珀的历史。早在1996年年底，波兰就有4 000家公司开采加工琥珀，仅沿海城市格但斯克就有1 500家公司从事琥珀首饰制作，全国每年出口的琥珀价值约2亿美元。

其他资源还有铁、铝、镍等。波兰产出的铜和银大部分出口到欧盟国家。波兰铜业集团股份公司是波兰最大的铜生产商、出口商，也是世界最大的铜、银生产商之一。

（2）矿业和机械工业

波兰采矿机械行业基础较好，在国际市场上有一定竞争力。主要采矿机械品种是：矿山工作面综合采煤设备、采煤机、工作面和下顺槽输送机、带式输送机、吊挂列车、选煤设备、液压和控制设备、钻探设备和备件、矿山救护专用设备、褐煤矿专用大型机械、排土机、轮斗挖掘机、自行式输送机、采矿机械配件等。

根据波兰中央统计局2017年工业年鉴数据，2016年波兰采矿业产值为480.4亿兹罗提，较上年减少3.4%，占工业总产值的3.5%。

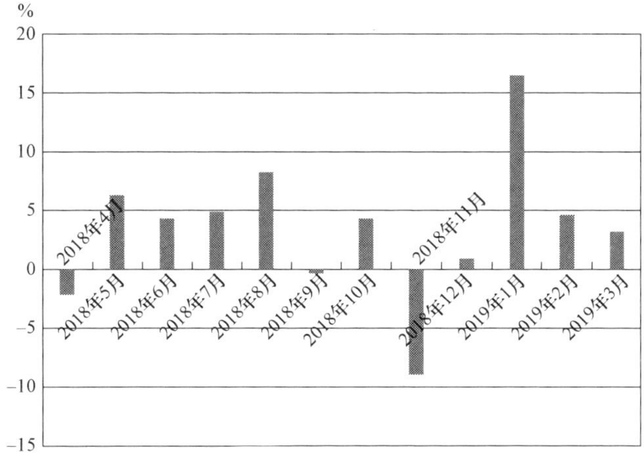


**图 1－9　2018 年—2019 年波兰矿业生产数据**

数据来源：wind 数据库。

（3）钢铁工业

2000 年以来，波兰钢铁产业经历了衰退、重组、恢复和发展几个时期。2008 年 2 月，欧盟委员会公布了关于加强冶金企业竞争力的公报（COM<2008>108），对保持和加强钢铁企业的竞争力以及加强建筑、汽车、造船等产业的附加值提出了完整的产业指导意见，并与 2020 年实现减排目标的战略挂钩。近年来，波兰钢铁产能无法满足日益增长的国内市场需求，外国钢铁产品，特别是高附加值钢材开始大量涌入波兰市场。2016 年，波兰粗钢产量 916 万吨，同比减少 1.9%；热轧钢板产量 879 万吨，同比增加 5.4%；钢管产量 73.2 万吨，同比增加 6.7%。国际钢铁巨头阿赛洛－米塔尔集团旗下的波兰米塔尔钢铁集团是波兰最大的钢铁企业，有 4 条大型生产线，总产能占波兰整个钢铁产业的 60% 以上。

（4）化学工业

化学工业是波兰的优势产业之一。波兰化工企业数量多，小型企业占绝大多数。全国共有 1.62 万家化工企业，其中从事橡胶和塑料制品生产的有 1.3 万家，占 80%；从事化工原料、化工品生产有 3 200 家企业，占 20%。波兰的主要化工产品有 21 种，即氢氧化钠、纯碱、丁二烯、甲苯、苯酚、己内酰胺、氮酸、合成气氨、合成液氨、化肥、氮、磷、钾、聚乙烯、聚合苯乙烯、聚苯乙烯、聚氯乙烯、聚丙烯、油漆、肥皂和化纤。

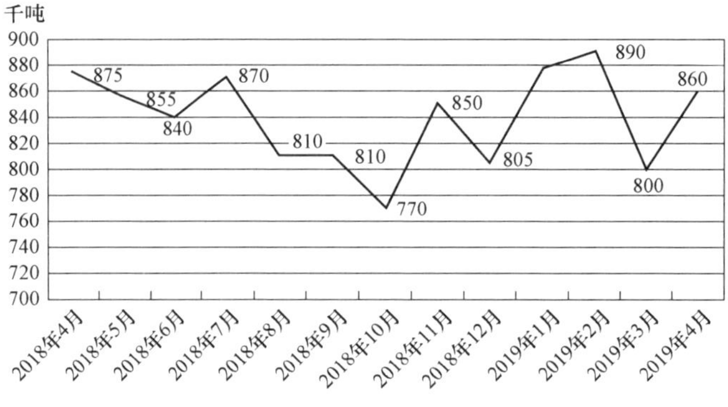


**图 1-10　2018 年—2019 年波兰钢铁产量**

数据来源：Trading Economic。

波兰化学工业企业数量多、产品范围广，但产业基础薄弱，产能有限，产品内需旺盛，多数产品需要进口。总体而言，波兰化工产品贸易逆差较大。化肥（特别是氮肥）生产占主要份额，产品出口比重高。进口方面，波兰每年需要进口大量塑料、橡胶、染料和油漆等产品。根据波兰中央统计局 2017 年工业年鉴数据，2016 年，波兰化学制品、化工产品产值为 609 亿兹罗提，同比降低 0.9%，占整体工业产值的比重约为 4.4%。主要化工企业包括 PKNOrlen 股份公司、CIECH 股份公司、ZakładyAzotowe Puławy 股份公司等；主要药品生产企业和研究机构包括 POLFA 集团、抗生素生化研究所、医药研究所、Zielarski 药厂、化学药剂厂和私人非处方药生产厂。

（5）汽车工业

波兰正在成为一个主要的汽车制造中心，一些零部件制造商也在该国建立工厂。波兰汽车工业的主要特点是：外资企业占主导地位，以汽车装配为主，汽车零部件生产商技术标准高、品种齐全、加工生产增长较快。汽车已成为波兰的重点产业、热门出口行业，产品种类多、品牌多且外需旺。波兰国内对新车需求不旺，近年来波兰国内市场二手车销售是新车的两倍。波兰最大的四家汽车制造商分别是菲亚特汽车波兰公司、通用汽车波兰公司（波兰欧宝）、大众汽车波兹南公司和波兰 FSO 股份公司。这四家公司的产量占波兰汽车总产量的 99%。菲亚特为最大生产商，市场占有率 50%以上。波兰生产的汽车和零部件大部分用于出口。波兰是欧洲大客车的重要产地，德国是波兰大客车的主要出口市场之一。MAN、Solaris、Volvo、Scania、Autosan、Kapena、Jelcz、Solbus、AMZ 等企业在波兰生产公交和旅游大客车。

近年，波兰汽车零部件产业蓬勃发展，已成为欧洲汽车零部件主要生产国之一。根据波兰汽车工业协会数据，2016年，波兰汽车零部件出口额为860亿兹罗提。主要产品包括发动机、汽车紧固件、焊接件、塑料件、电子布线、铸件、汽车玻璃等。波兰最大的汽车零部件生产企业有DelphiPolska、Faurecia、Volkswagen、Fiat-GMPowertrain等。大众、欧宝、奥迪、菲亚特、斯科达、本田等著名品牌的发动机、变速箱等零部件都在波兰生产。

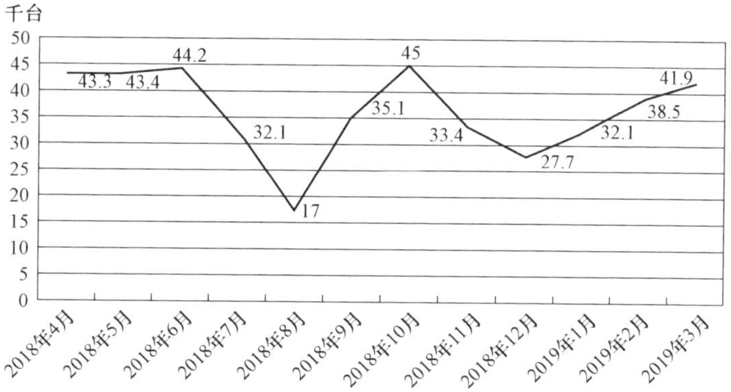


**图1－11　2018年—2019年波兰汽车生产量**

数据来源：wind数据库。

（6）电子工业

近年来，波兰已经成为电视机显示器和液晶显示器以及多数品牌家用电器的重要生产地。主要企业有：Jabil Kwidzyn（生产电视显示器、电子产品），LG Electronics（生产TV显示器和其他通用电子产品），西门子、阿尔卡特、朗讯（生产通信设备），Funai、Humax、JVC、Orion、Pronox、Toshiba、TPV（生产平板电视）。波兰音像产品（除电视机外）市场上均为国外进口品牌，从事电脑设备生产的大部分是中小企业，以组装为主，IBM、HP、DELL是主要品牌，也有部分波兰品牌，如NTT System、Optimus、Action、DTK Computer、Vobis等。在办公设备中，波兰仅生产税务设备这一种产品，并少量出口，拥有20多家生产企业，如Novitus、Elzab、Posnet、Innova、UPOS、Emar等。其他办公室设备，如打印机、复印机、传真机、多功能设备等都依赖进口。2016年，波兰计算机和光电产品从业人数为6万人，产值约383亿兹罗提，同比增加4.4%；电子设备从业人数为10.6万，产值565亿兹罗提，同比增加1.8%，二者合计约占整体工业产值的6.9%。

（7）航空业

波兰航空业的主要特征如下：拥有一百多年的历史和七十多年飞机生产的丰富经验；拥有 2.3 万名高级专家和具有竞争力的工资水平；一百多家注册且可靠的采购公司聚集在航空业集群地；该行业 90%的生产和作业位于波兰东南部的航空业集群地；每年销售额在 8 亿欧元以上；拥有全球著名的航空业生产基地（航空谷、别尔斯科航空业科技园）；拥有来自波兰各大城市科技大学的航空业专家，如华沙、热舒夫、卡托维兹、卢布林；高新技术中心“AERONET 航空谷”推动科研与工业的结合；密集的国内外机场网络；国际跨国公司选择在此投资，如 GE、汉密尔顿标准公司、AgustaWestland、Pratt&Whitney、Sikorsky、Hispano- Suiza、MTU 航空发动机、日本光电、Goodrich、Vac 航空公司、欧洲宇航防务和航天公司。

（8）旅游业

波兰自然风光优美，历史文化遗产丰富。近年来，赴波兰旅游人数持续增加。自波兰 2007 年加入申根协定后，跨境旅游更为便利。重点旅游城市包括华沙、克拉科夫和格但斯克等。波兰的旅游业收入在 2017 年 12 月达到了 140.83 亿美元，相较于 2016 年 12 月的 120.52 亿美元增长了 20 亿美元。2017 年，波兰旅游业同比增长 16.9%，相较于 2016 的 6.1%有所上升。波兰的酒店数量在 2017 年 12 月达 2 540 家，相较于 2016 年 12 月的 2 463 家有所增长。综上可以看出，2008 年金融危机以后，波兰的旅游业一直在快速发展，旅游收入、游客数量、酒店数量都在逐年增加。

**表 1－9　　2006 年—2017 年波兰旅游业简况**

| | 2006 年 | 2007 年 | 2008 年 | 2009 年 | 2010 年 | 2011 年 | 2012 年 | 2013 年 | 2014 年 | 2015 年 | 2016 年 | 2017 年 |
|---|---|---|---|---|---|---|---|---|---|---|---|---|
| 旅游业收入（百万美元） | 8 154 | 11 728 | 12 895 | 9 889 | 10 037 | 11 649 | 11 888 | 12 432 | 12 924 | 11 355 | 12 052 | 14 083 |
| 旅游业收入同比增长（%） | 13.867 | 43.831 | 9.951 | －23.311 | 1.497 | 16.061 | 2.052 | 4.576 | 3.958 | －12.140 | 6.138 | 16.852 |
| 旅客入境（十万人次） | 15 670 | 14 975 | 12 960 | 11 890 | 12 470 | 13 350 | 14 840 | 15 800 | 16 000 | 16 728.2 | 17 471.3 | 18 257.8 |
| 旅客入境同比增长（%） | 3.902 | －4.435 | －13.456 | －8.256 | 4.878 | 7.057 | 11.161 | 6.469 | 1.268 | 4.549 | 4.442 | 4.502 |

续表

| | 2006年 | 2007年 | 2008年 | 2009年 | 2010年 | 2011年 | 2012年 | 2013年 | 2014年 | 2015年 | 2016年 | 2017年 |
|---|---|---|---|---|---|---|---|---|---|---|---|---|
| 设施数量—酒店（家） | 1 295 | 1 370 | 1 488 | 1 634 | 1 760 | 1 883 | 2 014 | 2 107 | 2 250 | 2 316 | 2 463 | 2 540 |
| 设施数量—医疗卫生中心（站） | 137 | 145 | 156 | 159 | 158 | 158 | 158 | 190 | 198 | 197 | 205 | 215 |

数据来源：wind 数据库。

### 1.2.6 波兰各省份经济发展与投资环境概况

波兰最高级别的行政划分单位是省（Voivodship）。1999 年，波兰进行了行政区划改革，取消了 1975 年以来设立的 49 个小省，新设 16 个大省。波兰各省情况有所不同，有的省份面积在 1 万平方千米以下，人口约 100 万（如奥波莱省），有的省份面积超过了 3.5 万平方千米，人口超过 500 万（如马佐夫舍省）。在经济发展和工资水平方面各省差距较大。波兰西部省份发展较好，经济富裕，常被称为“波兰 A”，而东部地区较为落后，被称为“波兰 B”。

上述两个地区各有优势。西部省份基础设施发达，居民富裕；东部省份拥有廉价劳动力，能提供更加优惠的投资政策。东部地区的投资者可以便捷进入乌克兰和俄罗斯市场。而西部地区的投资商能够进入捷克和德国市场，这两个国家是波兰最大的贸易伙伴。

各省的行政管理由省督和省长承担。省督由中央任命，负责监督地方政府，省长由地方议会选举产生，负责地方行政事务。各省又进一步划分为市和县。

1. 波兰东部省份

波兰东部省份的经贸和人力资源状况如下：

（1）卢布林省（Lubelskie Voivodship）

与白俄罗斯和乌克兰接壤。省督为普谢门什瓦夫 • 查内克，省长为斯瓦伍米尔 • 索斯诺夫斯基。该省有 18 所高等院校，主要大学包括卢布林约翰 • 保罗二世天主教大学、卢布林玛丽 • 居里–斯克洛多夫斯卡大学、卢布林理工大学、卢布林医科大学和卢布林生命科学大学。根据 2015 年的统计数据，该省人口大约 214 万，在校大学生约 7.5 万人，大学毕业生约 2.2 万人，劳动人口约 133 万，失业率为 11.7%，月平均工资为 3 699 兹罗提（约 890 欧元）。该省经济特区包括 Euro-Park Mielec 经济特区、斯塔罗赫维茨经济特区和 EURO-PARK WISLOSAN 塔诺布热克经济特区。主要外资企业有德国 ABM 格莱芬博格公司、比利时奥里伯斯公司、美国简伯特集团和德国诺托·佛朗克集团。

卢布林省的省会是卢布林市（Lublin），人口约 34 万，市长为克日什托夫·祖克。根据 2015 年的统计数据，卢布林市大约 35%的人口是学生，劳动人口约 21 万，失业率为 7.9%，平均工资为 4 060 兹罗提（约 977 欧元）。办公面积为 12.9 万平方米，办公室闲置率为 7.7%，黄金地段办公室租金在每平方米每月 11 欧元到 12.5 欧元。当地企业主要有意大利面生产商 Lubella 公司、草药和茶叶公司 Herbapol、阿古斯塔韦斯特兰旗下的 PZL-Swidnik 飞机制造公司和波兰农机生产商乌尔苏斯公司。

（2）喀尔巴阡山省（Podkarpackie Voivodship）

喀尔巴阡山省与斯洛伐克和乌克兰接壤，省府为热舒夫市。省督为埃娃·勒尼阿特（Eva Leniat），省长为瓦德斯瓦夫·奥特尔（Wadeslaw Otel）。根据 2015 年的统计数据，该省人口约 213 万，劳动人口 135 万，失业率为 13.3%，居民月均工资为 3 528 兹罗提（约 845 欧元）。喀尔巴阡山省有 15 所高等院校，主要包括热舒夫科技大学、热舒夫法律与公共管理学院、信息技术与管理大学和热舒夫大学。在校大学生约 5.4 万人，毕业生 1.8 万人。经济特区包括：EURO-PARK MIELEC 经济特区、克拉科夫技术园经济特区和 EURO-PARK WISLOSAN 塔诺布热克经济特区。主要外资企业有宜家公司、江苏蓝天航空航天产业园、德国奇昊汽车系统集团和德国 MTU 航空发动机公司等。

根据 2015 年的统计数据，热舒夫市（Rzeszow）有 18.7 万多居民，自 2000 年以来每年平均增长 1 500 人，劳动人口 12 万，失业率为 7.3%，平均工资为 4 232 兹罗提(约 1 014 欧元)。热舒夫市的信息技术产业发达，波兰最大的 IT 公司 Asseco 的总部就设在这里，另外还有很多软件公司。热舒夫也是航空航天产业基地，被称为“航天硅谷”，包括 VAC 国际航空公司、Mac Braida 公司、UTC 航空系统公司、博格华纳公司和 MTU 航空发动机公司。热舒夫市积极申请欧盟基金投资城市建设，在 2007 年到 2013 年欧盟的财政框架中，热舒夫人均使用欧盟基金位列第二（仅次于格但斯克）。热舒夫的办公面积为 6.6 万平方米，办公室空置率为 7.8%，黄金地段办公室租金为每平方米每月 8 欧元到 10.5 欧元。

2016 年，A4 高速公路完工，为热舒夫市提供了连接德国和乌克兰的便捷交通。S19 高速公路也接近尾声，完工后将打通南北走廊，南至斯洛伐克边境，北达白俄罗斯，将热舒夫和卢布林、比亚韦斯托克联系起来。

（3）波德拉谢省（Podlaskie Vovodship）

波德拉谢省与俄罗斯、立陶宛、白俄罗斯和乌克兰接壤，省府为比亚韦斯托克。省督为博赫丹·约瑟夫·帕兹克维斯基（Bohdan Józef Pazkowski），省长为耶日·雷斯钦斯基（Jerzy Reschinsky）。根据 2015 年的统计数据，该省人口约 112 万，劳动人口 75 万，失业率为 12%，居民月均收入为 3 647 兹罗提（约 874 欧元）。该省拥有 18 所高等院校，主要有比亚韦斯托克理工大学、比亚韦斯托克医科大学和比亚韦斯托克大学等。在校大学生约 3.6 万人，毕业生约 1.1 万人。经济特区有苏瓦乌基经济特区和塔诺布热克经济特区。主要外资企业包括阿利塔德集团、英美烟草集团、宜家集团、Mecom 出版社、尼伯集团、瑞典诺斯德南公司、德国菲德耐集团、皮尔金顿公司和英国 SAB Miller 集团等。

比亚韦斯托克市长为塔德乌什·特鲁斯考拉夫斯基（Tadusch Truskolavsky）。根据 2015 年的统计数据，该市人口约 30 万，劳动人口约 19 万，失业率为 10.5%，人均工资为 3 845 兹罗提（约 921 欧元）。办公室面积为 3.9 万平方米，闲置率为 13%，黄金地段租金为每平方米每月 8.5 欧元到 10 欧元。

比亚韦斯托克历史上是波兰重要的轻工业中心，经济转型后的主要产业是电子产品、冶金、木材加工、建筑、玻璃和纺织业。比亚韦斯托克拥有波兰最大的伏特加生产厂。比亚韦斯托克的人口密度仅次于华沙，是波兰人口最稠密的城市之一。

比亚韦斯托克毗邻 S8 高速公路，到佛罗茨瓦夫的交通便捷。另一条在建的高速公路是 S19 高速公路，S19 将该城与卢布林市和热舒夫市连接了起来。未来，比亚韦斯托克有望通过喀尔巴阡山公路与斯洛伐克连接起来。

2. 波兰北部省份

（1）滨海省（Pomorskie Voivodship）

滨海省濒临波罗的海，省府是格但斯克。省督为达留什·德雷里赫（Dariush Drelich），省长为米切斯瓦乌·斯特鲁克（Micheslaw Struk）。根据 2015 年的统计数据，该省人口约 231 万，劳动人口 144 万，失业率为 9.1%，居民月均收入为 4 132 兹罗提（约 990 欧元）。该省拥有 28 所高等院校，主要包括格但斯克大学和格但斯克科技大学，在校大学生约 9 万人，毕业生约 2.3 万人。经济特区有波美拉尼亚经济特区和斯卢普斯克经济特区。主要外资企业包括 Jeppesen 公司、Luxoft 公司、Marine Harvest VAP Europe 公司和美国道富银行等。

格但斯克几个世纪以来都是海洋贸易中心。格但斯克市长为帕维尔·亚当莫维茨（Pavel Adamovitz）。根据 2015 年的统计数据，该市人口约 46 万，劳动人口约 28 万，失业率为 4%，平均工资为 4 992 兹罗提（约 1 202 欧元）。办公室面积为 62.9 万平方米，办公室闲置率为 13.5%，黄金地段租金为每平方米每月 12 欧元到 13.5

欧元。格但斯克是重要的国际会议中心。为举办 2012 年的欧洲足球锦标赛，格但斯克大力建设了基础设施，现在的 PGE 体育场和琥珀博览会中心进一步提升了城市举办大型活动的能力。格但斯克有各种各样的商业协会组织，如格但斯克企业家服务中心。格但斯克与临近的格丁尼亚和索波特共同组成了三联城城市区。

（2）瓦尔米亚－马祖尔省（Warmińsko-Mazurskie Voivodship）

瓦尔米亚－马祖尔省濒临波罗的海。根据 2015 年统计数据，该省人口约 144 万，劳动人口约 92 万，失业率为 16.5%，人均月薪为 3 495 兹罗提（约 837 欧元）。瓦尔米亚－马祖尔省省督为阿图尔·霍耶茨基（Artur Hoyetsky），省长为古斯塔夫·马雷克·布热辛（Gustav Marek Brzeisin）。该省拥有 8 所高等院校，包括计算机科学与经济大学和瓦尔米亚－马祖尔大学，在校大学生约 3 万人，毕业生约 9 000 人。经济特区包括苏瓦乌基经济区和瓦尔米亚－马祖尔经济特区。主要外资企业包括法国阿尔斯通集团、德国海因茨玻璃制造厂、宜家集团、米其林公司、飞利浦照明和史密斯菲尔德食品公司。

奥尔什丁（Olsztyn）是瓦尔米亚－马祖尔省首府，是波兰科学家哥白尼（Mikołaj Kopernik，1473 年—1543 年）的故乡。市长为彼特·戈日莫维奇。根据 2015 年的统计数据，该市人口约 17 万，劳动人口约 11 万，失业率为 5.8%，人均月收入 4 104 兹罗提（约 983 欧元）。奥尔什丁的 Stomil 轮胎厂十分有名，现在已被米其林公司收购。此外，市区还汇集了木材、家居、食品和其他行业的企业，现代办公面积为 40.4 万平方米，闲置率为 29.7%，黄金地段租金为每平方米每月 11 欧元到 12.5 欧元，奥尔什丁还是人口正增长的少数城市之一。

（3）西滨海省（Zachodniopomorskie Voivodhsip）

西滨海省位于波兰西北部，北邻波罗的海，省府为什切青市。西滨海省省督为克日什托夫·科兹沃夫斯基（Krzysztof Kozwowski），省长为奥尔盖尔德·格布勒维奇（Olgeld Gebrevich）。该省有 20 所高等院校，主要包括科沙林理工大学、什切青海事大学、波美拉尼亚医科大学、什切青大学和西波美拉尼亚商学院。根据 2015 年的统计数据，该省在校大学生约 4.5 万人，毕业生约 1.2 万人。西滨海省有大约 171 万人口，其中劳动人口 107 万，失业率为 13.3%，月均工资为 3 794 兹罗提（约 909 欧元）。经济特区包括斯乌普斯克经济特区、科斯亲－斯乌佰斯经济特区、罗兹经济区、波美拉尼亚经济特区和 EURO-PARK MIELEC 经济特区。主要外资企业有 Backer OBR 公司、德国比尔芬格集团、普利司通公司、埃斯帕森集团和芬兰叠拓集团等公司。

什切青（Szczecin）是波兰重要的海港城市，坐落于奥德河港口，距波罗的海 65 千米。什切青市长为彼特·克日什特克（Peter Krzysztke），市区人口约 41

万，劳动人口约 25 万，失业率为 6.8%，月均收入为 4 382 兹罗提（约 1 050 欧元）。现代办公面积为 16.6 万平方米，闲置率为 17.7%，黄金地段办公室租金为每平方米每月 12 欧元到 13.5 欧元。什切青市政府现在除了传统海运行业外，重点发展商务流程外包业务（BPO）、物流和新能源，特别是风能。

3. 波兰西南部省份

（1）下西里西亚省（Lower Silesia Voivodship）

下西里西亚省位于波兰西南部，与德国和捷克接壤，中部有 A4、A18 和 S8 高速公路穿过。省督为帕维伍・赫伦涅克（Paviu Hrennek），省长为彻扎里・普适别尔斯基（Chezhari Przebielski）。该省拥有 37 所高等院校，主要大学有弗罗茨瓦夫医学院、弗罗茨瓦夫大学、弗罗茨瓦夫经济大学和弗罗茨瓦夫科技大学。根据 2015 年的统计数据，该省人口约 290 万，在校大学生约为 13 万人，毕业生约 3.4 万人，劳动人口约 182 万，失业率为 8.9%，月平均工资为 4 189 兹罗提（约 1 008 欧元）。该省经济特区包括卡米纳古拉中型企业经济特区、莱格尼查经济特区、INVEST-PARK 瓦伍布日赫经济特区和 EURO-PARK WISLOSAN 塔诺布热克经济特区。主要外资企业为英国 Acturis 公司、亚马逊公司、巴斯夫公司、博西家用电器公司、信利集团公司、仁宝电脑、Eagle 公司、富兰克林产品公司、派克汉尼汾公司、瑞典 Sitech 公司、智慧商务公司和德国福士汽车。

下西里西亚省省会是弗罗茨瓦夫市（Wroclaw）。根据 2015 年的统计数据，该市人口约 64 万，市长为拉法伍・杜特科维奇（Rafael Dutkovic）。弗罗茨瓦夫是一个多元化的城市，曾经是德国的一部分，二战后划归给了波兰。作为波兰第三大学术中心，弗罗茨瓦夫文化氛围浓厚。弗罗茨瓦夫交通便捷，拥有波兰数量最多的研发中心，是汽车制造业、电子产品和家用电器的制造中心。根据 2015 年的统计数据，该市劳动适龄人口约 39 万，失业率为 3.5%，平均工资为 4 570 兹罗提（约 1 099 欧元）。现代办公面积为 75.7 万平方米，办公室闲置率为 10.1%，黄金地段办公室租金为每平方米每月 12.5 欧元至 14.5 欧元。

（2）卢布斯卡省（Lubuskie Voivodship）

卢布斯卡省位于波兰西部，与德国接壤，绿山城和大波兰地区戈茹夫共同组成了该省的双省府。省督为瓦戴斯瓦伍・德伊采克（Vadeswau Deitsek），省长为埃尔兹别塔・波拉克（Elzbeta Pollack）。根据 2015 年的统计数据，该省人口约 102 万，劳动人口约 64 万，失业率为 10.5%，月平均工资为 3 568 兹罗提（约 860 欧元）。卢布斯卡省有 8 所高等院校，主要大学有波兰学院、戈茹夫高等职业教育学院和绿山城大学。在校大学生约 1.5 万人，毕业生 4 433 人。经济特区为科斯琴–斯伍佰斯经济特区和瓦乌布日赫经济特区。主要外资企业为德国吉地亚汽车公司和 Homann Holzwerkstofee 公司。

根据 2015 年的统计数据，绿山城有大约 14 万居民和 8.6 万劳动人口，市长为雅努什·库比茨基，失业率为 6.3%，平均工资为 3 732 兹罗提（约 900 欧元）。办公面积为 2.37 万平方米，办公室闲置率为 12.4%，黄金地段办公室租金为每平方米每月 6.5 欧元到 8 欧元。

根据 2015 年的统计数据，大波兰地区戈茹夫有大约 12.4 万居民和 7.6 万劳动人口，市长为亚采克·沃伊奇茨基，失业率为 5.1%，平均工资为 3 533 兹罗提（约 852 欧元）。戈茹夫自 1989 年经济转型以来积极引进外资，大众汽车公司是最早进入该市的外资企业，冠捷科技集团现在是最大的投资商。戈茹夫毗邻 S3 高速公路，与什切青和绿山城的交通十分便利。

（3）小波兰省（Małopolskie Voivodship）

小波兰省位于波兰南部，与斯洛伐克接壤，省府为克拉科夫（Krakow）。省督为约瑟夫·皮尔切（Joseph Pilce），省长为亚采克·克鲁巴（Jacek Kruba）。根据 2015 年的统计数据，该省大约有 337 万人，劳动人口 211 万，失业率为 8.3%，居民月均收入为 3 907 兹罗提（约 946 欧元）。该省有 33 所高等院校，主要大学有克拉科夫 AGH 科技大学、雅盖隆大学和克拉科夫经济大学，在校大学生约 18 万人，毕业生约 5 万人。经济特区有克拉科夫工业园经济特区、卡托维茨经济特区和 EURO-PARK MIELEC 经济特区。主要外资企业包括航空公司会计核算中心、劳斯莱斯、德国莱茵集团和三星集团。

克拉科夫是波兰和欧洲历史文化名城，被联合国教科文组织列入世界文化遗产名录。雅盖隆大学是欧洲最古老大学之一，培育了哥白尼（Copernicus）和约翰·保罗二世教皇（Pope John Paul Ⅱ）等诸多历史人物。市长为亚采克·马伊赫洛夫斯基。根据 2015 年的统计数据，该市人口约 76 万，劳动人口 47 万，失业率 4.4%，

雅盖隆大学

居民平均收入为 4 431 兹罗提（约 1 073 欧元）。办公室面积为 83.3 万平方米，办公室空置率为 6%，黄金地段办公室租金为每平方米每月 12.5 欧元到 14.5 欧元。众多跨国企业、金融机构和商会等都在克拉科夫设有分支机构，克拉科夫也拥有大量的商务流程外包企业。

（4）奥波莱省（Opolskie Voivodship）

奥波莱省位于波兰西南部，与捷克接壤，省府为奥波莱市（Opole）。省督为阿德里安·楚巴克（Adrian Chubak），省长为安杰伊·布瓦（Andrzej Bois）。根据 2015 年的统计数据，该省人口约 100 万，劳动人口为 64 万，失业率为 10.3%，居民月均工资为 3 793 兹罗提（约 905 欧元）。该省共有 6 所高等院校，主要大学包括奥波莱大学、奥波莱科技大学、奥波莱公共医科职业学院、布热格人文与经济学院、行政管理学院。在校大学生约 2.3 万人，毕业生 7 776 人。经济特区包括瓦乌布日赫经济特区、卡托维茨经济特区和斯塔拉霍维采经济特区。主要外资企业为 Global Steering Systems 公司、Poligak 公司、Tube Tec Rohrverformungstechnik 公司和 Wipak 公司。

奥波莱市是一座多元文化城市，有说德语的少数民族。市长为阿尔卡迪乌什·维希涅夫斯基（Arkady Usch Wisniewski）。根据 2015 年的统计数据，该市人口约 12 万，劳动人口约 7 万。失业率为 5.3%，居民平均收入为 4 225 兹罗提（约 1 008 欧元）。市区办公面积为 2.3 万平方米，办公室闲置率为 15.5%，黄金地段办公室租金为每平方米每月 7 欧元到 9.5 欧元。奥波莱市投资最多的行业是金属、食物生产、建筑和外包行业。投资企业包括法国纽迪希亚奶粉公司、德国卓德奶制品公司、Energomet 公司、Kamex 公司、Remak 公司和法国凯捷管理顾问公司。奥波莱市是使用欧盟基金较多的城市，在欧盟基金的帮助下翻新了老城，升级了基础设施，促进了城市发展。

（5）西里西亚省（Silesia Voivodship）

西里西亚省位于波兰南部，与捷克和斯洛伐克接壤，交通发达，A1、A4 和 S1 高速公路均经过该省，省会是卡托维茨（Katowice）。省督为雅罗斯瓦夫·维耶曹瑞克（Jaroslaw Vietchok），省长为沃伊切赫·萨鲁格（Wojciech Saruge）。根据 2015 年的统计数据，该省人口约 457 万，劳动人口约 286 万，失业率为 8.2%，居民月均工资为 4 221 兹罗提（约 1 026 欧元），该省有 45 所高等院校，主要有西里西亚大学、西里西亚医科大学、卡托维茨美术学院、卡托维茨体育学院、琴斯托霍瓦科技大学。在校大学生约 12 万人，毕业生约 3.7 万人。经济特区是卡托维茨经济特区，主要外资企业包括日本味之素公司、韩国大同汽车公司、通用汽车公司、韩国韩一理化株式会社和法国 Plastic Omnium 汽车公司等。

卡托维茨市市长为马尔钦·克鲁巴（Marcin Kluba）。根据 2015 年的统计数据，该市人口约 30 万，劳动人口约 19 万，人均收入为 5 262 兹罗提（约 1 267 欧元）。卡托维茨是波兰重要的工业城，20 世纪 90 年代波兰经济体制转型后，卡托维茨的许多煤矿和地方产业都倒闭了，现在部分煤矿还在运营，其他产业也在转型中。该城 70%以上的居民从事服务业，有外国 57 家投资者运营的 64 个服务中心。外资企业包括安塞尔米塔尔煤钢公司、庞巴迪宇航公司、爱立信公司、ING 集团公司、IBM 集团、普华永道国际会计师事务所和甲骨文公司等。卡托维茨的失业率仅为 3.8%，处于波兰最低水平，并且拥有波兰最高的人均 GDP。卡托维茨办公面积为 39.8 万平方米，办公室闲置率为 14.3%，黄金地段租金为每平方米每月 12 欧元到 13.75 欧元。

4. 波兰中部省份

（1）库亚维–波美拉尼亚省（Kujawsko-Pomorskie Voivodship）

该省中部拥有 A1 高速公路。省督为米考万伊 •博格丹维伊奇（Michovanyi Bogdanvić），省长为彼得 • 曹波茨基（Pyotr Tsopotsky）。该省有 21 所高等院校，主要大学包括卡基米日维尔基学院、哥白尼大学、科技与生命科学大学。根据 2015 年的统计数据，在校大学生约 6 万人，毕业生约 1.8 万人。该省人口约为 209 万，劳动人口约 131 万，失业率为 13.2%，平均月工资为 3 540 兹罗提（约 845 欧元）。波美拉尼亚经济特区位于该地区，主要外资企业为源讯公司、利文斯顿公司、MMP Neupack 公司和舍恩伯格集团。

彼得哥什市（Bydgoszcz）和托伦市（Torun）是库亚维–波美拉尼亚省的双省会，市长为拉法尔 • 布鲁斯基。彼得哥什是该省最大的城市，波兰第八大城市。信息技术、电子产品、通讯、化工和塑料等产业发展迅速。根据 2015 年的统计数据，该市人口约为 36 万，劳动人口约为 22 万，失业率为 5.4%，居民平均收入为 3 850 兹罗提（约 919 欧元）。现代办公面积有 5.26 万平方米，办公室空置率为 10.1%，黄金地段办公室租金为每平方米每月 11.5 欧元至 13 欧元。

托伦是库亚维–波美拉尼亚省第二大城市，是波兰为数不多的二战后留存下来的城市，已被联合国教科文组织列为世界文化遗产。近年来，托伦市大力投资基础设施建设，通往华沙、格但斯克、波兹南和什切青等波兰其他城市的交通十分便捷。根据 2015 年的统计数据，该市人口大约为 20 万，劳动人口约 13 万，失业率为 6%，居民平均工资为 3 990 兹罗提（约 952 欧元）。城市办公面积为 4.31 万平方米，办公室闲置率为 18.4%，黄金地段办公室租金为每平方米每月 11.5 欧元到 13 欧元。

（2）罗兹省（Lódzkie Voivodship）

罗兹省位于波兰中部，省府是罗兹市。省督为日毕戈涅夫 • 劳（Zybigniev Law），省长为维特多 • 斯泰尔皮涅（Vitdo Stepine）。根据 2015 年的统计数据，该省有大约 249 万人口，153 万劳动人口，失业率为 10.3%，月平均工资为 3 791 兹罗提（约 914 欧元）。罗兹省有 29 所高等院校，主要包括罗兹医科大学、罗兹国家电影学院、罗兹理工大学和罗兹大学，在校大学生约 8.9 万人，毕业生 2.3 万人。经济特区有罗兹经济特区和斯塔拉霍维采经济特区。主要外资企业包括 Arynga 公司、兰亭集势公司、开放研发公司、UGS 公司、英国联合工业公司和 UPS 公司。

罗兹市是波兰重要的工业中心，以纺织业而闻名。市长为汉娜·兹丹诺夫斯卡。根据 2015 年的统计数据，该市人口约 70 万，劳动人口约 42 万，失业率为 9.5%，平均工资为 4 048 兹罗提（约 976 欧元）。市区办公面积为 34.7 万平方米，办公室闲置率为 9.7%，黄金地段办公室租金为每平方米每月 12 欧元到 13.5 欧元。

1989 年经济转型后，罗兹市的纺织业开始衰落。现在罗兹市在一些产业如信息技术方面成功完成了转型，并且大量吸引外资来发展新兴产业，对家电制造企业、商务流程外包企业（BPO）和物流企业有很大的吸引力。得益于波兰中心的地理位置（毗邻 A1 和 A2 高速公路）和廉价的高素质劳动力，罗兹市有希望重现往日的辉煌。

（3）马佐夫舍省（Mazowieckie Voivodship）

马佐夫舍省位于波兰中部，省府为华沙（Warsaw）。省督为日基斯瓦夫·谢皮尔拉，省长为亚当·史祖里克。根据 2015 年的统计数据，该省人口约 535 万，劳动人口约 328 万，失业率 8.5%，居民月均工资为 5 094 兹罗提（约 1 233 欧元）。马佐夫舍省拥有 105 所高等院校，主要大学有华沙大学、华沙经济学院和华沙理工大学；在校大学生约 26 万人，毕业生约 6.7 万人。该省的经济特区包括 EURO-PARK WISLOSAN 塔诺布热克经济特区、瓦尔米亚 – 马祖里经济特区、斯塔拉霍维斯经济特区、罗兹经济特区和苏瓦乌基经济特区。主要外资企业包括高盛集团、瑞士制药公司、英国年利达律师事务所、美国美敦力公司、美国速汇金公司、苏格兰皇家银行和史蒂夫集团。

华沙是波兰的首都和最大的城市，也是中东欧地区最大的金融经济中心之一。根据 2015 年的统计数据，该市有大约 175 万居民，105 万劳动人口，人均 GDP 水平是波兰平均水平的三倍，为投资者提供了殷实的消费者市场。华沙市长是汉娜·戈隆科维奇·瓦尔兹，市区失业率为 3.3%，人均收入为 5 586 兹罗提（约 1 352 欧元），市办公面积为 498.8 万平方米，空置率为 15.4%，市中心地段办公室租金为每平方米每月 22 欧元到 24 欧元，非市中心地段租金为每平方米每月 13 欧元到 16.5 欧元。华沙地理位置便利，毗邻 A2 高速公路和维斯瓦河，是众多国有企业、跨国公司和大使馆的所在地，也是波兰最大的科技中心。在“创新华沙 2020”项目的支持下，华沙的初创企业发展迅速，谷歌公司继伦敦后在华沙设立了欧洲第二个企业家园区。

（4）圣十字省（Świętokrzyskie Voivodship）

圣十字省人口约 126 万，劳动人口约 78 万，失业率为 12.7%，居民月均工资为 3 581 兹罗提（约 862 欧元）。省督为阿加塔·沃伊提谢克，省长为亚当·雅鲁巴斯。圣十字省有 15 所高等院校，主要大学包括凯尔采科技大学和扬·科哈诺夫斯基大学。根据 2015 年的统计数据，该省在校大学生人数约 3 万人，毕业生约 1.1 万人。经济特区包括：斯塔拉霍维采经济特区和 EURO-PARK WISLOSAN 塔诺布热克经济特区。主要外资企业有 As Energy 公司、福斯特惠勒有限公司和苏伊士环能集团。

凯尔采市（Kielce）是圣十字省省会，位于圣十字山下。根据 2015 年的统计数据，该市人口约 20 万，其中劳动人口约 12 万，失业率为 8.8%，居民平均月薪为 3 846 兹罗提（约 926 欧元）。凯尔采的传统产业是铜矿、铁矿和铅矿的矿石处理业和大理石开采业。现在房地产业、建筑材料业和食品加工业也开始发展起来。凯尔采贸易展览会已经成为该城市的一个品牌，每年吸引大约 20 万人参展。展会包括各行各业，如国防、农业和宗教物品等，为当地企业和外国公司的交流合作提供了便利。凯尔采现代办公室面积为 59.5 万平方米，闲置率为 9.4%，黄金地段租金为每平方米每月 8 欧元到 10 欧元。

（5）大波兰省（Wielkopolska Voivodship）

大波兰省属于波兰面积较大省份之一，省府是波兹南（Poznán），省督为兹比格纽·霍夫曼（Zbigny Hoffman），省长为马雷克·沃兹涅克（Marek Woznyk）。根据 2015 年的统计数据，该省人口约 348 万，劳动人口 218 万，失业率 6.3%，月均工资为 3 729 兹罗提（约 893 欧元）。该省高等教育发达，有 40 所高等院校，主要包括波兹南亚当·米茨凯维奇大学、波兹南经济大学、波兹南生命科学大学和波兹南医科大学。在校大学生约 14 万人，毕业生约 4 万人。大波兰省的经济特区有卡缅纳古拉经济特区、科斯琴–斯乌佰斯经济特区、罗兹经济特区、波美拉尼亚经济特区和瓦乌布日赫经济特区。主要外资企业包括亚马逊公司、Arjo Huntleigh 公司、德尔福汽车公司、丹麦联合汽船有限公司、Grupa Armatura 公司、纽维尔集团和大众集团等。

波兹南市位于华沙和柏林的中间，是波兰文明的发祥地，历史上曾是波兰重要的经济中心、文化中心和政治中心。得益于其便捷的交通网络和相对廉价的高素质劳动力，波兹南吸引了很多跨国公司前来投资，比较有名的大企业有大众集团、阿莱格罗集团和索拉瑞斯客车集团等。每年，波兹南都会举办波兰工业领域最大规模的国际博览会，吸引全球的参展商前来参加。波兹南市长为亚采克·亚斯科维亚克。根据 2015 年的统计数据，该市人口约 54 万，劳动人口约 33 万，失业率为 2.4%，居民平均收入为 4 549 兹罗提（约 1 089 欧元）。市区办公面积为 40.4 万平方米，办公室闲置率为 13.2%，黄金地段办公室租金为每平方米每月 12.5 欧元至 14 欧元。

# 第 2 章 波兰法律环境

## 2.1 波兰法律性质与渊源

波兰的法律体系以大陆法系（民法传统）为基础，和其他成文法国家一样，法律门类较为健全，具有相对完善稳定的诉讼、仲裁制度。强制性的规定在法典、法案和规章中得到体现，是众多案件裁判的证据。

波兰法律渊源主要有：宪法、法律、批准的国际协定和条例等。立法权属于议会，行政权属于波兰总统和部长理事会，司法权属于法院和法庭。

目前，波兰的法律体系较为健全。为满足加入欧盟要求，波兰对国内法律体系进行了大规模修改、调整，变化较大。2012 年，波兰政府对多个领域的法律法规进行或拟进行修订，涉及劳动法、税法、能源法、外国人法等内容。另外，波兰法院仍保留诸多与登记相关的制度，比如公司或者土地的国家法院登记，以及房地产抵押登记。波兰民事诉讼处理各类民事主体之间的各种纠纷。总的来说，波兰的法源可以分为两类：通用法和行政法。

波兰的普通法院分为上诉法院、省级法院和地区法院，有权审理刑事案件、民事案件、家庭和监护法案件，以及劳动法案件和社会保险案件。行政司法机构隶属于最高行政法院，负责控制公共行政的执行。最高法院是波兰共和国最高的中央司法机关，也是最高的上诉法院，同时对下属法院的审判活动实行监督。

根据波兰宪法和波兰通过的国际协定，法院诉讼程序原则上分为两层。因此，当事方可以针对法院的判决提出上诉。二审法院可以审查案件事实，并就争议的实质做出裁决。此外，在某些情况下，当事方还可以向最高法院提起上诉，该法院不是事实法院，这意味着最高法院仅根据当事方提出的法律论据做出裁决。因此，该法院不构成波兰民事诉讼程序的第三层。

因波兰不是联邦制国家，所以全国实行统一的法院制度和民事诉讼程序制度。虽然判例在波兰并不被视为法律的渊源，但是最高法院和上诉法院的判决通常都作为下级法院的判例，甚至出现判决中对于法律的解释与法律的规定不同的情况。

## 2.1.1 宪法

1997 年 4 月 2 日，国民大会通过波兰宪法；10 月，宪法正式由公民投票表决；该月，宪法文件正式实施。

波兰宪法正文为两章，共四十一条，指明波兰共和国是一个民主法治国家，并履行社会公平原则；确立了三权分立的政治制度，立法权、司法权和行政权相互独立、互相制衡；确立了以社会市场经济为主的经济体制；指明波兰武装力量在国家政治事务中保持中立。

根据宪法，如果总统否决了议会或政府提交的法案，议会可以以五分之三的多数否决总统的决定。在议会选举（包括总统选举）中，只有政党才有权参加竞选，而且得票率必须在 5%以上（政党联盟得票率必须在 8%以上）才有资格进入议会；确保建立政党的自由和政党活动的自由，严禁纲领中带有纳粹主义、法西斯主义以及极权主张的政党和组织在波兰活动。

## 2.1.2 普通法

波兰与投资合作相关的普通法可根据经济活动普通法、土地与不动产所有权、反垄断和不诚实竞争、知识产权保护、劳动关系、税收体制、环境保护为层次分为八类。关于波兰商务环境，需要予以密切关注的普通法有《刑法》《劳动法》《环境保护法》《知识产权保护法》和《土地法》，因为这些普通法分别与商业活动中需关注的商业贿赂、劳动就业、环境保护措施、知识产权和土地等息息相关。

1.《刑法》

波兰的《刑法》中包含众多针对商业贿赂制定约束的条例，违反这些条例会导致个人和集体实体（合伙企业和公司）承担刑事责任。这些条例旨在切实打击腐败和洗钱行为，防止腐败与洗钱活动对商业和经济构成威胁。波兰《刑法》第 926a 条规定了经济腐败（管理腐败）罪；《刑法》第 302 条第 2 款和第 3 款规定了债权人腐败罪；《刑法》第 222—231 条“针对国家机构和当地政府部门的活动罪行”中规定了被动贿赂（第 228 条）、主动行贿（第 229 条）、支付偏袒（第 230

和230条A)、权力滥用(第231条)等罪行;《刑法》第296—309条“打击经济犯罪”中第296条A规定了经济腐败罪行。

该条例的约束对象包括:(1)公务员;(2)行使公共职能的人员;(3)国有企业管理层和对外代表企业的人员;(4)住房合作社董事会主席(限定于处理公共资金的行为范围内);(5)地方政府设立的监督公共交通客、货运输的人员;(6)能源企业内负责电力消费立法职责的人员;(7)外国公共机构人员。犯罪行为界定包括行贿、受贿;以公谋私,滥用权力;经济、体育和公共采购等领域的腐败和洗钱等行为。

波兰《刑法》首先对物质利益和个人利益进行了定义,其将所有类型的贿赂行为定义为涉及提供或接受物质或个人利益或对这些利益的承诺。物质利益是指导致资产增加或债务减少的任何利益(如转让金钱、股份、提供就业机会、提供异国旅行、免除债务等),而价值微不足道(不超过200兹罗提,约合人民币182元)并以透明的方式给予的物质利益不被视为非法。无论金额多少,金钱礼物始终被视为非法物质利益;而个人利益是指任何非物质性的利益(如获得荣誉称号或晋升、娱乐等)。

其次,波兰《刑法》对公共腐败进行了定义。公共腐败涉及履行公职人员的贿赂。它可能发生在与公开招标有关的情况下,且公务贿赂可以是被动的,也可以是主动的。被动的公务贿赂包括接受与履行公共职能有关的物质或个人利益或其承诺,要求获得此类利益或以获得此类利益为履行公务的条件,被动公款腐败可能完全由“履行公职的人”实施。“履行公职的人”一词的含义很广,它包括法官、检察官、公证员、法警、缓刑监督官、破产管理人、法院指定的监督员和行政人员、清算人、公共行政部门雇员、国家或地方政府审计和检察机构的雇员、其他国家机构中担任管理职务的人员、负责保护公共安全的机构的官员、现役军人和地方政府的成员等。根据波兰于2002年10月28日颁布的《集体单位从事法律禁止行为的处罚》的规定,集体单位还须为代表或支持该单位的自然人所做的事务负责,即便是以非物质的方式,如果集体单位因此人的行为受益或可能已经受益,根据该规定第5条,集体单位应承担责任。

原则上,对公共腐败行为(包括被动和主动)处以剥夺自由6个月至8年的处罚。如果贿赂或其承诺价值巨大(超过20万兹罗提,约合人民币36.5万元),则处罚可高达12年监禁。波兰《刑法》的一项修正案规定,如果金额较大,可处以最高20年的监禁,法院予以罚款或没收非法所得的处罚。法院还可以采用禁止其发布宣传广告,禁止接受财政补贴、补助金,禁止参与公共采购程序以及其他形式的禁止行为等处罚措施。

而在商业活动中同样存在私人腐败，涉及企业主之间的贿赂。内政部拥有打击作为商业犯罪之一的私营部门腐败犯罪的权力。同样的，私人腐败可能是被动的或主动的。被动的私人腐败包括要求或接受物质或个人利益或其承诺，可能只由担任管理职务的人（即有权决定组织内特定问题的职务）和从事商业活动的集体实体（包括合伙企业和公司）中的雇员（即根据雇用合同、受委托或根据合同执行特定任务的个人）实施。非法行为是指这些人要求或接受物质或个人利益或其承诺，以换取滥用其权力或不履行其职责。这两种行为须造成对集体实体的损害，构成不公平竞争行为，或被确认为有利于服务或利益的购买者或接受者的不可接受的优惠行为，方可判定为非法行为，而主动的私人腐败行为包括给予或承诺给予物质或个人利益，以换取该人滥用其权力或不履行其职责。

原则上，私人贿赂（主动和被动）的处罚为剥夺 3 个月至 5 年的自由。如果贿赂金额巨大，最高可判处 8 年监禁。波兰《刑法》的一项修正案也规定，数额较大的案件可判处最高 25 年监禁。私人腐败还可能导致禁止履行公共职能、从事商业或管理活动或经营某些类型的业务，期限为 1 至 15 年。

2.《劳动法》

1997 年，波兰《劳动法》对劳动关系的产生、内容、劳资双方的权利、义务、福利报酬、就业及保护、妇女和未成年人的雇用、劳资纠纷的解决做出了规定。此外，波兰还针对大规模裁员、工会、雇用临时工等出台了专门法律。2016 年 6 月，波兰总统杜达签署劳动法修订案。根据修订后的《劳动法》规定，雇主必须在员工开始工作前与其签订劳动合同。如果被查出未签订劳动合同，雇主将被处以 1 000～30 000 兹罗提的罚款。修订后的《劳动法》于 2016 年 9 月 1 日开始实施。

波兰雇用员工的依据是劳动合同，劳动合同分为四种：无限期合同、定期合同、为完成特定工作而签订的合同以及在其他雇员脱岗期间签订的替代合同。在签订上述 4 种合同之前，均可先签订为期不超过 3 个月的试用合同，劳动合同应以书面形式签订，主要内容包括当事方、合同类型、合同执行地点、生效日期、工作性质和条件、报酬的具体构成、工作时间等。此外，在开始工作后一周内，雇主有义务向雇员提供关于工作基本条件的书面信息。而解除劳动合同包括两种情形：一种是合同已到期或合同规定的工作任务已完成；另一种是合同尚未到期，但经双方协商同意或应一方要求而提前解除。如系协商同意，双方应就此签订书面共同声明；如系一方提出，则提出方应提前通知另一方，除非出现法律所允许的无需通知的情况。

劳动合同的类型不同，提前通知的时限要求也不相同：（1）无限期合同。根据雇员在该雇主处已工作时间的长短，短于6个月、超过6个月但不到3年或已达3年以上的，应分别提前2周、1个月或3个月通知对方。（2）定期合同。为期超过6个月的定期合同应提前2周通知对方。（3）在其他雇员脱岗期间签订的合同应提前3个工作日通知。（4）试用合同。根据试用期限长短，不超过2周、超过2周但不到3个月或达到3个月的，应分别提前3个工作日、1周或2周通知对方。

波兰《劳动法》对无需提前通知即可解除劳动合同的情形进行了严格的规定。若雇员出现严重违背其基本职责、在受雇期间违反法律、失去工作所需相关资质或由于疾病而无法胜任工作的情形，雇主均可在不提前通知的情况下提出解除劳动合同，但根据法律规定，雇主应事先说明具体的理由。同样，波兰《劳动法》也就雇员在无需提前通知情况下提出解除劳动合同的情形做出了具体而严格的规定。如果雇主以不合法或不合理的方式解除劳动合同，雇员可以向劳动法庭申请恢复雇用关系或赔偿。

对于劳工的工作时间、假期及报酬，波兰《劳动法》也有着详细的规定。自2001年5月1日起实行每周5天工作制。通常，在不超过4个月的期限内，平均每天工作时间不超过8小时，每周不超过40小时。《劳动法》规定一般情况下全年加班时间不应超过150小时，最多可延长至416小时。工作日加班费为工资的50%，节假日、周日和夜间加班费为工资的100%。工作10年以下，带薪年假为20天；工作10年以上，带薪年假26天。生一胎者可带薪休产假20周、育婴假32周。一个日历年内，员工请病假不超过33天，薪资按80%发放，超过33天的，由波兰社保局按工资80%补助。自2019年1月1日起，波兰最低税前工资为2 250兹罗提，最低税前小时工资为14.7兹罗提。

3.《环境保护法》

环境部是波兰的环境保护监督部门，主要职能是负责波兰水资源和环境保护与有效利用，环境保护司设置在环境部内。波兰基础环保法律法规包括《环境保护法》《环境保护法及部分其他法律修订》《能源法、环境保护法及一致性评价系统法修订》《水法》《废料法》《企业经营部分垃圾的义务及产品收费和存放收费法》《破坏臭氧层物质法》《环境保护监察法》《防止环境损害及其恢复原状法》等，其他波兰规定环境保护的法律法规还包括《关于出版环境及其保护、公众参与环境保护和环境影响评估的信息法案》（2008年10月3日）、《关于防止环境损害和环境损害补偿法》（2007年4月13日）、《自然保护法》（2007年4月16日）和《空间规划和管理法》（2003年3月27日）等。

波兰关于环境保护的基本法律是2001年4月27日颁布的《环境保护法》，它为环境和整个环境的所有要素创造了新的保护基础。它不仅包含了空气保护、防噪声和电磁场的复杂规定，还介绍了预防原则、环境保护原则的综合方法和环境保护原则决策过程社会化的相关内容。对于水保护、废物管理等问题，该法引用了关于这些主题的部分法令。《欧洲联盟运作条约》授权欧洲联盟在所有环境政策领域采取行动，如空气和水污染、废物管理和气候改善。这些行动的范围由辅助性原则决定，要求在预算和城市空间管理、土地利用、水资源量化管理、选择能源和能源供应结构等问题上得到理事会的一致同意。

波兰的《环境保护法》和《废料法》完全适用欧盟有关环保方面的法律。这方面的法律规定，无普遍使用性质的环境利用需获得环保机关颁发的许可，许可中规定了利用范围和条件。经济主体必须登记排放物质的种类和数量并每年向省督（中央政府在各省的特派员）提交环境影响报告；经济主体有责任消除对环境的有害影响；省督可以责成经济主体向环保基金交纳有关环境保护费。根据2001年修订的《废料法》，年产生废料在1～10万吨的企业，必须于生产前2个月通知所在地乡长；年产生废料在10万吨以上的企业，必须于生产前2个月通知所在地县长；对在生产中产生危险废料的项目，需要获得县长颁发的许可；对环境特别有害的项目，需要获得省长颁发的许可。

波兰《水法》（2001年7月18日）限制和禁止将污水和废料排放到水体中。禁止在受水灾威胁的地区安排投资项目，尤其是对人的健康和生命有威胁、破坏环境状况，存储和经营固体废物、化学物质以及汇聚污水等项目。法律责成水的所有者关心生态状况并在恢复被破坏的生态系统中提供合作。波兰的森林保护标准适用《森林法》，动植物保护相关法律包括《1985年内陆鱼法》《1995年狩猎法》《2001年海水鱼类法》等。

2008年10月3日开始实施的《关于就环境及环保、环保公共参与及环境影响评估提供信息的法案》（以下简称“EIA法案”）对需进行环境评估的项目及相关程序等做出了规定。根据EIA法案，以下项目必须进行环境影响评估：（1）对环境有重大影响的项目；（2）对环境有潜在重大影响，经环保部门要求必须进行此类评估的项目。此外，若相关项目对“Natura2000”保护区（欧盟生态保护系统）产生影响，即使不影响该保护区环境保护，环保部门也可要求该项目接受环境评估。

于2004年11月9日召开的部长理事会公布的条例对需进行环保评估的项目类型进行了详细规定，其中43种为强制环保评估的项目，涉及制药、传统电厂、风电、有害废物回收处理等领域，另外规定了92种类型的对环境有潜在重大影响的项目，涉及传统电厂、风电、车辆机械等组装制造领域。根据项目涉及的环保领域、影响范围等内容，地区环保局局长、省长、国家森林地区主管部门、市长等均有权依法在管辖范围内发布环境状况决定。投资者需根据具体投资项目向当地主管部门申请。

根据中资企业在波兰正在实施项目的实际经验，环保评估所需要的时间一般为2～3周，费用一般为3 000～5 000兹罗提，具体会根据项目合同额和规模不同略有差异。

4. 知识产权法

波兰与知识产权保护相关的最重要的法律包括《著作权和相关权利法》（1994年）和《工业产权法》（2000年）。《工业产权法》于2001年8月22日生效，具有法典性质。《反不正当竞争法》（1993年）和《竞争和消费者保护法》（2000年）也包括了工业产权保护方面的规定。波兰的知识产权相关法律适用欧盟工业产权法、著作权和相关权利法，各项法律适应现代国际标准。

波兰工业知识产权（专利、商标）的管理由波兰专利局负责，著作权的管理由文化部负责。波兰专利局设有专利纠纷委员会，对不服从审查委员会决定的申诉和有关授予知识产权保护对象的异议进行审查。海关虽然受理知识产权侵权的举报投诉，但仅可对侵权货物进行罚没，而没有行政处罚权。

波兰是下列国际工业产权和知识产权协议的缔约国：《巴黎工业产权保护公约》（1975年起）、《伯尔尼文学艺术作品保护公约》（1990年起）、世界贸易组织（WTO）、《与贸易有关的知识产权协议》（2000年起）、世界知识产权组织《表演和录像制品条约》（2003年起）、《关于授予欧洲专利的公约》（2004年起）。

在波兰，发明、实用新型、工业样式、商标、地理标志、集成电路的拓扑图等工业产权均受法律保护。此外，地理标志、农产品和食品的名称和标识也受法律保护。在保护发明和实用新型领域，波兰签署了《华盛顿专利合作条约》（1990年起）、《斯特拉斯堡国际专利分类协定》（1997年起）。在商标保护方面，波兰签署了《马德里国际商标注册协定》（1991年起）、《国际货物和服务商标注册分类尼斯协定》（1997年起）、《商标图形要素维也纳协定》（1997年起）。

专利保护期为20年，使用权保护期为5年，可申请延长5年。保护期间使用须支付费用。工业产权保护期限50年。商标保护期为10年，可延长10年，连续3年不使用则解除保护。文学、科学、工业、建筑和城市规划设计图纸、电脑程序、音乐、舞蹈等著作权，自作者死亡或第一次出版之日起70年后失效。

在波兰，知识产权侵权案件只有投诉才能处理，并且只有法院才能判定是否侵权。知识产权权利人的权益受到侵害时，有三条救济渠道：一是本人直接向法院提起民事诉讼，提出赔偿请求；二是向行业协会提出救济请求，由行业协会代为向法院提起诉讼；三是向内务部门（警察局）投诉，内务部门经调查后根据侵权程度决定向法院提起民事诉讼或者刑事诉讼。根据有关法律，内务部门在调查侵权案件时，知识产权管理部门有义务提供协助。

法律对制售假冒伪劣产品的违法行为有极其清晰而又严格的规定。波兰没有设置关于知识产权刑事处罚的门槛，对于制假售假行为，只要有主观故意就是犯罪。波兰每年有很多案件进入刑事程序，而受到的制裁多数是罚金，很少对侵权人实施人身处罚；但对于有组织的犯罪以及重犯，法院会予以重判。

5. 土地法

波兰与土地相关的主要法律有《不动产经营法》《国有资产农业不动产经营法》《外国人购置不动产法》《波兰共和国当前边境外不动产遗留补偿权利落实法及其他法律修订》、内务部长令《关于外国人申请购置不动产许可必须提供的信息和文件细则》、环境部长令《关于销售国家林业局林地和其他不动产时进行公开招标的条件和方式及价格谈判的方法和条件的细则》等。

由于第二次世界大战后一直保持土地私有化，波兰有 90%的土地归私人所有，国有土地仅占 10%。1964 年 4 月 23 日颁布的《波兰民法》对包括土地在内的不动产的含义、所有权种类以及获取途径做了详细规定。主要内容包括：不动产是指土地和土地上的公寓、房屋等建筑设施。不动产的使用方式主要有四种，分别为所有、永久使用、抵押和租赁。

所有权是不动产最基本的权利，赋予所有者彻底完整的使用权。所有权受法律保护，任何第三方不得侵犯所有权人的利益。所有权没有时间限制。除非政府进行区域规划，政府和公共部门没有任何权利侵犯所有权。永久使用权是针对国有或地方政府所有的土地而言，通常使用期限为 99 年，最短为 40 年，该期限可延展。

永久使用权允许使用人在与所有权同等的权利范围内使用土地，但土地使用目的须符合国家或当地政府的发展规划，且需在协议中做出规定。如使用目的违反了协议规定，则所有者（国家或地方政府）可以终止协议。土地使用人须向政府缴纳不同于土地税的年费，一般根据土地价格计算，并且每年调整一次（特殊类型的土地年费调整期限可延长至 5 年）。在修建建筑物之后，永久使用权人对建筑物拥有完整的所有权。在永久使用权协议终止时，永久使用权人有权对所有的建筑物获得等同于建筑物市价的补偿。

租赁主要有两种类型：仅限使用而不能获利；既可使用也可用于获利。任何法律实体，包括外国公司或自然人都可租赁土地，无需获得波兰内政部许可，也无需满足当地政府的特别规定。

就不动产转让而言，波兰的不动产转让必须依据协议进行，协议中必须对当事人的所有权利和义务做出规定。协议必须在政府公证部门以公证契约形式签署。签署转让协议当日，不动产所有权一经转让，买方即成为不动产的所有者。如转让永久使用权，在签署协议并将不动产交付给被转让人后，只有在法院完成登记才算完成永久使用权的转让。

# 2.2 法院体系

## 2.2.1 波兰最高行政法院

波兰最高行政法院于1980年1月30日建立，在华沙和其他中心区（一中心区包括一省或数省）审理案件。该法院由院长一人、副院长和法官若干人组成。法官年龄须在35岁以上，由国务委员会依司法部长的提名任命，其资格一般高于普通法官，要求具有良好的品德、法律学位，十年以上从事法学理论研究或律师、检察官、仲裁员、普通法院法官等工作的经历。最高行政法院独立审判案件，法官只服从法律。其活动受民事诉讼的一般规则，特别是民事上诉规则的指导。最高行政法院受理申诉人的请求后，有权按规定随时命令行政决定中止执行。如果行政机关的行为违反实体法或严重违反程序法，或虽违反一般程序，但造成了侵害后果，最高行政法院可做出有利于原告的判决。

最高行政法院可以判决撤销行政决定，可以判决变更，还可以命令作为被告的行政机关在一定期限内终止行政决定的执行。在宪法上，最高行政法院是一个专门法院，受最高法院监督。依特别申诉，最高法院可以审查最高行政法院的裁决，对司法行政和司法程序提出具有拘束力的指导意见；解答最高行政法院提出的特殊法律问题。

波兰宪法法院是一个独立的宪法性的国家组织，是独立于法院系统外的第二种司法权的组成部分，属于司法机关的一部分。根据1997年宪法第10条第2款的规定，“司法权应当被授予法院和法庭”。在波兰的司法序列中，法院包括普通法院和行政法院，而法庭则包括宪法法院和国务法庭。

宪法法院由15名法官组成，其中包括院长和副院长各1名。根据宪法第194条第1款，法官的任期为9年，但是只能任职一届，期满后不能连任。原因在于，根据欧洲的宪法理论，宪法法院主要是解决政治性的任务，宪法法院法官任期过长，容易形成固定不变的政治倾向，会趋于保守，阻碍政治改革和社会发展。

## 2.2.2 司法体系

波兰司法机构包括最高法院、普通法院、行政法院及军事法院。法官是独立的，不能被解雇，仅对波兰宪法和法律负责。1990 年 3 月，波兰众议院通过检察院法，规定检察院作为一个司，隶属于司法部，由司法部长兼任总检察长。最高法院是国家最高审判机关和最高上诉法院，行使审判和监督权。

波兰的法律属于大陆法系，常见的法院有上诉法院、省级法院和地区法院，可受理刑事案件、民事案件、家庭和监护权案件、劳动法案件和社会保险案件。军事法院分为军事省级法院和军事单位法院，对军队中的刑事案件以及明文法规定属于其管辖范围内的案件进行司法管理。最高行政法院拥有行政司法权，对公共行政的运行进行管理，有权审判地方政府的决议以及区域行政机关的规范性法令是否遵从成文法，最高行政法院拥有 10 个分院。

最高法院是波兰的最高中央司法机构，因此也是最高的上诉法院。其主要职责在于波兰境内的执法，与行政和军事法院一起，将中止作为特别上诉的一种形式，并对法律进行解释。

宪法法庭属于司法机构，但与法院体系相分离。宪法法庭有权决定制定的法律与宪法是否一致、中央行政机构之间的权力冲突、政党的行为与宪法是否一致以及听取公民的宪法诉愿。

## 2.2.3 立法机构

众议院和参议院共享波兰的立法职能，在宪法和成文法规定的范围内共同行使对部长议会活动的控制。

众议院有 460 名议员。宪法规定议员任期 4 年，在满足特定条件的情况下，这个任期有可能会更短。根据比例原则，以匿名投票的方式，普遍、平等、直接地选举众议院议员。

参议院由 100 名议员组成。宪法规定，议员任期 4 年，但也和众议院议员的任期直接相关联：众议院的解除会导致参议院议员任期的终止。与众议院不同，参议院议员根据的是多数原则，以匿名投票的方式选举出来。

# 2.3 调解制度

## 2.3.1 调解制度的发展历程及基本原则

1. 调解制度的发展历程

在波兰，调解立法经历了一个独特的发展道路。2015 年之前，立法者并未制定一部统一的调解法，而是在各单行法中分别规定调解程序。2005 年，波兰通过《民事诉讼法修正案》，在民事诉讼程序中引入新的调解程序。新法主要从基本原则、程序、费用、效力等方面对调解进行规范。2011 年 7 月，欧盟委员会确认波兰属于已经执行《欧盟调解指令》的 17 个成员国之一。2015 年 9 月 10 日，波兰议会通过《促进友好型纠纷解决法》，该法于 2016 年 1 月 1 日起施行。

东欧剧变之后，波兰政治、经济、文化各个方面发生了巨大的变化。随着私人商业活动的日益活跃，民商事案件开始出现激增的趋势。但转型后的司法体系未能为民众提供有效的司法救济途径。由于程序繁琐，通过诉讼强制履行合同的时间相当长，诉讼迟延现象十分严重，这对法院的公信力产生较大的负面影响。调查显示，波兰仅有近百分之二的公众认为法院审判快速高效，只有百分之五的公众认为法院有能力执行相关判决。

为应对这次司法危机，波兰政府积极推进司法改革。1991 年颁布的《劳动法》在解决集体劳动争议纠纷中首次引入调解程序。1997 年，立法者在《刑事诉讼法》中引入调解程序。2004 年，调解程序开始成为行政诉讼程序中的一部分。在调解程序先后在劳动关系、刑事诉讼、行政关系、家事关系等法律中得到确认后，《民事诉讼法》才引入一般民商事调解程序。《民事诉讼法》还通过修订诉讼费用规则，鼓励当事人使用调解程序并对调解员收费问题做出明确规定，鼓励更多的专业人士参与调解服务。《民事诉讼法》明确规定除特别程序之外，所有民商事案件都可以适用调解程序。

2015 年，波兰颁布《促进友好型纠纷解决法》，旨在提升通过调解程序解决纠纷的商事案件的数量，强化商事企业及其他从业人员对调解、仲裁等友好型纠纷解决方式的认识，并试图改善调解等非诉讼解决方式的质量，使它们在处理纠纷过程中更加经济、高效和非正式化。该法主要从程序规范、组织规范以及财政刺激三个方面提升当事人使用友好型纠纷解决方式化解纠纷的意愿。为了吸引企业采用调解程序解决纠纷，新法甚至引入税收优惠政策，提出调解费用可以抵减税费，规定法官可以将调解费用放在诉讼费用中一并考虑。

2. 调解制度的基本原则

波兰调解制度的基本原则有以下两条：

一是《民事诉讼法》明确规定当事人自愿参加调解。就法院外调解而言，调解开始之前当事人应当达成启动调解程序的协议。调解启动协议可以由当事人在纠纷发生之前签订，也可以在纠纷发生之后达成。就附设调解而言，调解程序启动之前当事人双方也必须同意接受法院的调解提议。《民事诉讼法》明确规定，一方当事人在收到调解提议之后的 7 天之内可以通过拒绝参加调解停止调解程序。波兰采用辅助型调解模式，即一名中立调解员协助各方进行协商，通过谈判解决纠纷。立法者认为，目前波兰缺乏相应的调解实践经验，所以《民事诉讼法》采用辅助型调解模式是合理的。

二是波兰调解制度注重调解的保密性。调解员不得披露调解过程中了解到的有关案件的所有事实，除非各方当事人同意。当事人在调解程序中提到的调解方案、妥协陈述等声明都不能在日后的诉讼程序中使用。另外，《民事诉讼法》还明确规定调解员享有就相关事实出庭作证的豁免权。尽管《民事诉讼法》并没有对当事人的保密义务做出规定，但是民法规定当事人也必须遵守相应的保密义务，任何有违保密义务的行为都可能承担民事责任。

### 2.3.2 调解制度的主要类型

波兰《民法》从合同法角度对和解做出规范。波兰《民事诉讼法》规定了两种调解类型：法院外调解与法院附设调解。

法院外调解，就是指当事人基于调解启动协议，自主聘请调解员就争诉案件进行协商解决纠纷的过程。法院外调解程序的启动基于当事人之间的协议。当事人可以自主决定是否参加、决定调解员人选，甚至可以协商调解的形式和内容。

法院附设调解程序，是民事诉讼新增的一种调解类型，与法院外调解适用基本相同的程序规范，仅有部分例外情形。法院不直接雇用调解员主持调解，而是确认并提供调解员名册让当事人选择。法院不对附设调解进行任何形式的资助。法院仅负责提议转介调解及审核调解协议。法院指示转介调解时，应确定一个最多不超过一个月的调解期限，双方当事人可以共同要求调解期限超过一个月。在调解过程中，双方当事人也可以共同要求延长调解期限。任何一方当事人在调解期限内不同意继续调解，法院应当及时排期审理案件。

2005 年，在《民事诉讼法》修改之前，法官可以主持和解程序。案件正式审理之前，一方当事人申请法官主持和解程序解决纠纷，另一方可自愿选择参与这一程序。如果当事人达成和解协议，其效力等同于法院的判决效力。如果未能达成和解协议，法律并未限制主持该程序的法官继续审理争诉案件。根据最高法院判例，启动该和解程序将中断争诉案件的诉讼时效。民诉法并未就该和解程序的保密性做出明确规定。因此，这一程序的效果并不十分理想。

## 2.3.3 调解员资格认定与行为规范

1. 调解员资格认定

具有完全民事行为能力的自然人可成为调解员人选。但是，现任法官不能作为调解员人选，退休法官则可成为调解员人选。2015 年，新法则对调解员的任职条件做了规定。专任调解员应符合下列要求：(1) 具备调解的相关知识和技能；(2) 年满 26 周岁；(3) 掌握波兰语；(4) 未受过任何刑事处罚。收到调解请求之后，一般专任调解员不能拒绝当事人调解请求，仅在利益冲突等特殊情况下才能拒绝调解。

为保障附设调解程序的效率，提升当事人对调解程序的信心，在闭门会议期间做出转介调解指示或调解员人选协商未果的情况下，法院可提出调解员人选。为提高调解员遴选的效率，任命调解员之前法院都会询问当事人的意见。若调解启动协议特别规定了调解员人选，法院应当尊重当事人的意见。无论法院外调解还是附设调解程序，当事人都有权决定调解员人选。这充分体现对当事人自主权的尊重。

《民事诉讼法》对家事纠纷调解员的任职资格做出进一步要求，一般都需具有教育学、心理学、社会学或法学方面的教育背景。刑事案件或未成年人案件调解员的任命也有类似的教育背景要求，但调解员并不要求必须获得相应的学位。

2006 年 6 月 26 日，波兰司法部替代性纠纷处理方法（Alternative Dispute Resolution，下称 ADR）委员会发布调解员行为规范。该行为规范要求：调解员应当确保当事人能够自主地参加调解及达成调解协议；必须保持中立与公正；应当确保调解的保密性；准确告知当事人调解的性质及进程；恰当地帮助当事人达成解决纠纷的协议。与此同时，该委员会还向司法部提交了一份修改调解立法的提议，其中包括调解员的资格、选任与认证。

2. 调解员行为规范

2008 年 5 月 19 日，ADR 委员会发布了调解员道德守则。该守则的主要内容如下：

（1）主持调解程序时，调解员必须遵守独立、自主的基本原则。

（2）调解员应就各方当事人的利益进行调解。

（3）调解员应当保证当事人自由参与调解。

（4）在调解过程中，调解员应当确保当事人了解调解程序的基本步骤、最终目标、调解员角色及调解协议的性质。

（5）调解员应当仅在一定业务能力范围内提供适当的调解服务，避免提供超出自己能力范围的调解服务。

（6）在无法确认自身是否能够在某具体案件的调解过程中保持中立时，调解员应当提出回避。

（7）调解员应当保证调解程序的绝对保密性。

（8）调解员应当确保自身与涉案当事人不存在任何利益冲突。

（9）调解员不得收受除调解费之外当事人给予的任何直接或间接利益。

（10）调解员应当合理宣传自己的调解服务，避免误导当事人对其资历、调解能力、实践经验、服务范围及服务费用作出错误评估。

（11）调解员应当就调解程序设计的服务费用及其他相关费用问题向当事人做出明确的说明。

（12）为更好地提供调解服务，调解员应当努力提高扩展自己的调解专业技能。

从内容来看，调解员主要应承担保密义务、忠实义务、告知义务等。保密义务主要是指禁止调解员未经允许向他人披露调解的相关信息。忠实义务主要是指调解员应当基于当事人的利益履行职责，提供公正的调解服务。告知义务主要是指调解员应当向当事人披露自身调解服务的相关信息以及调解程序的相关信息。

### 2.3.4 调解程序

调解程序的启动源于当事人之间的协议或法院的转介调解指示。调解启动协议的签订时间没有严格限制，可以是当事人在纠纷发生之前签订，也可以在纠纷发生之后达成。《民事诉讼法》并没有规定任何强制启动调解的情形。一方当事人向另一方提出调解请求时，调解程序正式启动。如果存在以下几种情形，调解程序则不会启动：专任及非专任调解员在收到调解请求之日起 7 天内拒绝调解；新任调解员人选收到调解请求之后 1 周内拒绝调解，或当事人 1 周内未同意调解员人选；未达成调解启动协议或拒绝调解请求。调解请求应包括当事人的详细情况、具体争议事项及有关材料。

在法院附设调解程序中，法院可根据一方当事人申请或自主决定发布指令转介调解。若提起诉讼之前当事人已签订调解启动协议，受理案件之后，法院应当根据被告答辩状内容指示双方进行调解。法院仅提议当事人参加调解，不强制要求当事人参加调解。一般而言，法院在首次听审结束之前做出调解指示，但是，家事调解中法院可在诉讼程序的任何阶段提议当事人调解。最终是否接受法院调解指示由双方当事人自主决定。

调解员应确定适当的调解会议时间和地点。若双方当事人一致认为无须专门召开调解会议进行调解，调解员可直接进行调解。为控制调解会议费用，减轻当事人的负担，法律还明确规定调解会议的开支不得超过50兹罗提。调解程序结束之后，调解员应就相关调解事项向争讼案件的管辖法院提交调解报告。该报告应当载明调解的具体时间和地点及当事人姓名、地址、调解员等相关信息。若当事人最终达成调解协议，调解员应将调解协议内容一并附上。若未能就争讼案件达成调解协议，调解员应在调解报告中记录当事人拒绝达成调解协议的原因。在法院附设调解程序中，调解员应将相应调解报告提交给转介调解的法院。为促使当事人认识调解程序解决纠纷的可能性，2015年新法要求当事人提交诉状时，须告知其是否考虑过通过调解等其他友好型纠纷解决方式解决纠纷；如果没有，应说明理由。

《促进友好型纠纷解决法》增设调解咨询会议制度，以增进当事人对调解程序的认识，进而促使当事人通过调解程序解决纠纷。审判长可以邀请当事人参加一个友好型纠纷解决方式咨询会议，以解答有关调解程序的问题。该会议邀请双方当事人的律师代表、专家、司法机构人员等参加。如果当事人没有正当理由未参加上述调解咨询会议，法院可能会要求未参与该会议一方当事人负担参与该会议另一方所产生的相关费用。由于新制度实施的时间不长，其效果还有待进一步观察。

为促进调解程序的顺利进行，《促进友好型纠纷解决法》规定，调解员为了解案情，有权查阅相关卷宗，法院应当提供便利。法院在确定向当事人发出调解指示令后，应当及时将双方当事人的相关信息告知指定的调解员。此外，该法还规定法官须根据具体案情告知当事人进行调解的可能性。当事人可要求法院对其达成的调解协议进行确认。根据审查结果，法院可以对调解协议的部分乃至全部内容予以确认。法院审查的重点在于调解协议是否存在违反法律强制规定、公序良俗以及内容前后矛盾的情况。

当事人在调解程序中达成的调解协议与在诉讼程序中达成的和解协议具有同等效力，即不仅具有实体法意义上的合同效力，而且具有程序法意义上的执行效力。一旦当事人之间达成的调解协议得到法院的确认，该调解协议将获得与法院执行令同等的效力。

# 2.4 仲裁制度

## 2.4.1 仲裁制度概况

在波兰，临时仲裁与机构仲裁在程序上并没有特别大的差异。相比而言，机构仲裁比临时仲裁更有市场一些。复杂的涉外案件通常会选择仲裁程序，例如：收购和兼并纠纷、私募股权交易纠纷、能源和商业纠纷是涉外仲裁案件中最为突出的纠纷类型。其中，国际商会（ICC）仲裁规则、波兰商事仲裁委员会仲裁规则、联合国国际贸易法委员会仲裁规则、Lewiatan 仲裁委员会仲裁规则是被采用最多的仲裁规则。一般而言，仲裁程序可能会持续 6 个月至 24 个月。不过，这并不包括仲裁裁决后的相关程序时间。繁琐的执行程序及仲裁裁决异议程序一直都受到各方的批评。波兰法律并未要求当事人的代理人须是专业律师。因此，任何具有完全民事行为能力人都可以代表当事人参与仲裁程序。

波兰并没有专门的仲裁法，而是将仲裁法相关内容一并规定在《民事诉讼法》中。具体而言，1964 年波兰《民事诉讼法》第 5 部分（第 1154—1217 条）即是规范仲裁程序的内容。2005 年 6 月 28 日，波兰《民事诉讼法》则根据联合国国际贸易法委员会 1985 年颁布的《示范仲裁法》（Model Law）对仲裁程序的内容进行了较大幅度的修正并于 2005 年 10 月 17 日开始正式实施。不过，2005 年波兰仲裁程序并未完全照搬 1985 年《示范仲裁法》的内容。其中，波兰《民事诉讼法》第 1161 条第 2 款明确禁止在仲裁协议中允许一方当事人单方向仲裁机构提起仲裁。另外，该法第 1170 条第 2 款则明确禁止现任法官担任仲裁员。

在波兰境内裁决的仲裁案件都适用仲裁各项条款，包括国内仲裁和国际仲裁案件。国外仲裁裁决在波兰境内执行案件仍然适用波兰仲裁相关规范。与此同时，波兰《民事诉讼法》还赋予法院可以根据需要对境外仲裁庭裁决的案件发布临时禁令的权力。在波兰，国内仲裁案件与涉外仲裁案件之间最大的差异体现在仲裁裁决的执行问题上。法院及执行机构仅可以依据波兰《民事诉讼法》及《纽约公约》相关内容拒绝执行外国仲裁机构做出的仲裁裁决，且《纽约公约》优先适用。根据 2005 年波兰《民事诉讼法》第 1208 条规定，国内仲裁机构做出的仲裁裁决还须在 3 个月内无异议的情况下才能申请执行。不过，2015 年新《民事诉讼法》为了提高仲裁程序的效率缩短了当事人针对仲裁裁决提出异议的期限。修改后，当事人须在 2 个月内就仲裁裁决提出异议。

波兰在仲裁制度立法上的基本立场之一就是承认当事人在仲裁程序中享有相当大的自主权。其中，当事人可以自主地决定几乎所有涉及程序性事项，例如选择程序规则、仲裁地以及仲裁期间使用的语言。波兰《民事诉讼法》仅对极少部分程序性事项设定强制性规定。从立法条文来看，波兰仲裁法体现三个基本原则，即自主原则、平等原则和独立原则。自主原则主要是指当事人可以自由选择解决纠纷相关程序。平等原则主要是指当事人在仲裁程序中得到平等的对待，仲裁协议中的任何条款都必须遵循平等原则。当事人在仲裁程序中未得到充分机会为自己的权利辩护，法院则有可能据此撤销相关仲裁裁决。独立原则主要是指法院并不直接介入仲裁程序的具体事项。

《促进友好型纠纷解法》对波兰仲裁法进行了重要修正。这次修正主要是为了提高仲裁程序的效益和效率。具体而言，修正后的波兰仲裁程序仅允许当事人就申请撤销仲裁裁决以及申请不予执行仲裁裁决行使一次声明不服权。换言之，上诉法院就当事人申请撤销仲裁裁决或不予执行仲裁裁决做出的裁决即为终审裁定，当事人不得上诉。修正后的《民事诉讼法》第1208条第1款明确规定：特定情况下，当事人可以就撤销仲裁裁决或不予执行仲裁决问题直接向最高法院提起上诉。波兰议会就上述内容修正的立法理由明确指出，其旨在促进仲裁程序，鼓励当事人选择仲裁程序解决纠纷。另外，此次修正还对仲裁员的中立性及独立性提出了进一步的要求。其一，被选任的仲裁员须向双方当事人提交一份中立性与独立性的书面确认书，即书面确认义务。其二，仲裁员在仲裁过程中一旦出现可能影响自身中立性与独立性的事项应当及时通报双方当事人，即及时通报义务。

## 2.4.2 仲裁协议及仲裁庭组成

1. 仲裁协议

在波兰，仲裁协议可以是独立的，也可以是在主合同中设立的仲裁条款。仲裁协议可以是事先签订的具体仲裁协议，也可以是事后就争议事项达成的仲裁协议。不过，波兰法律要求当事人之间必须就争议事项达成书面仲裁协议。其中，当事人通过信件或其他文件（传真）等形式将仲裁协议送达双方即可视为当事人之间达成书面的仲裁协议。波兰《民事诉讼法》明确规定仲裁协议须载明争议事项或者纠纷涉及的法律关系。在仲裁协议中，当事人可以自主决定选择任命仲裁员、仲裁员人数或遴选仲裁员的方法。另外，《民事诉讼法》还明确规定了公司章程或其他规章制度中设立的关于解决企业纠纷的仲裁协议对各公司股东都具有约束力。这其中就包括股东之间的纠纷、股东与公司之间的纠纷、公司与其下属分支机构（或公司）之间的纠纷。其他机构及组织的类似纠纷也同样参照适用上述条款仲裁程序。企业授权代理人就特定事项进行诉讼的同时即被赋予就该事项与相关当事人签订仲裁协议解决纠纷的权限，企业授权书中另有约定的除外。

2005年修正后的《民事诉讼法》在可仲裁性问题上有较大的突破。该法扩大了可仲裁事项的范围，其既包括财产性权利纠纷，也包括非财产性权利纠纷。《民事诉讼法》已经允许当事人将绝大多数类型的纠纷提交仲裁机构仲裁，这不仅包括国内纠纷，也包括涉外纠纷。具体而言，除监护和赡养费纠纷之外，任何在法院诉讼程序中解决的纠纷都可以提交仲裁机构仲裁。过去，判断相关争议是否具有可仲裁性的标准是通过区分财产性权利与非财产性权利来实现，仅财产性权利纠纷可以提交仲裁。2005年，《民事诉讼法》将非财产性权利纠纷案件也纳入可仲裁事项的范围。这样可以避免以往案件审理过程中确定纠纷是否内涵（或涉及）当事人财产性权利时所遇到的困难。不过，该条款可能仍无法完全解决上述问题，因为该法并没有明确规定哪些纠纷只能通过法院诉讼程序审理。

《民事诉讼法》规定仲裁条款具有独立性。换言之，主合同中的仲裁条款具有独立地位。仲裁条款是否成立或有效与主合同其他条款是否成立或有效并无关联。根据波兰2011年颁布的《冲突法》最新规定，涉外仲裁协议适用当事人选择的准据法。在当事人同意前提下，当事人未选择适用法时该涉外仲裁案件则适用仲裁地法。当事人不同意选择仲裁地法，仲裁协议则依据仲裁案件涉及的法律关系适用相应法律规范。

当事人签订仲裁协议之后，任何一方当事人都不得寻求通过法院解决相关纠纷。当然，当事人可以通过协商终止仲裁协议，之后当事人即可以诉诸法院解决纠纷。与此同时，《民事诉讼法》还明确列出3种仲裁协议失效的情形：（1）仲裁协议明确列明的仲裁员或首席仲裁员拒绝或无法履行义务，这种情况仲裁协议即失效，除非当事人就此事项另外达成协议；（2）仲裁协议明确列明的仲裁庭拒绝或无法履行裁决义务，这种情况仲裁协议即失效，除非当事人就此事项另外达成协议；（3）仲裁庭就部分事项或全部事项做出裁决时无法形成多数意见或一致意见，这种情况一旦无法达到事先约定的多数意见或一致意见则仲裁协议失效。

2. 仲裁庭的组成

根据《民事诉讼法》，任何具有完全民事行为能力的个人都可以被选任为仲裁员。立法明确禁止波兰国内在职法官被选任为仲裁员。《民事诉讼法》并没有严格要求仲裁员必须是波兰公民。换言之，具有完全民事行为能力的外国人也可以被指定为仲裁员。被指定的仲裁员应当及时告知双方当事人可能影响自身中立性与独立性的任何情况。根据部分案例的情况来看，仲裁员可能会因为如下几个方面的原因而被法院撤销仲裁员资格：仲裁员本人是涉案纠纷一方当事人、案件涉及仲裁员配偶或其他亲属、仲裁员曾为或现为争议纠纷案件一方当事人的代理人。

在仲裁协议中，当事人可以自主决定仲裁员的数量以及选任仲裁员的程序。当事人既可以选择在纠纷发生之后确定仲裁员的数量，也可选择适用仲裁机构设定规则选定仲裁员。另外，当事人还可以指定仲裁员遴选机构专门负责日后选任仲裁员。当事人在仲裁协议中如未明确仲裁员数量或者选定仲裁机构的规则无法确定仲员数量，《民事诉讼法》则确定仲裁庭由 3 名仲裁员组成。一般而言，当事人或指定的仲裁员遴选机构在 1 个月内无法就仲裁员选任问题达成一致意见，那么法院可以依申请指定仲裁员。法院在指定仲裁员时须考虑多个方面的因素，例如仲裁员的特定资格以及影响仲裁员中立性和独立性的其他因素。如果仲裁案件双方当事人来自不同国家，法院在指定仲裁员时须考虑选任来自不同于双方当事人国籍的其他国家仲裁员。

仲裁员可能因自身中立性和独立性以及不符合仲裁协议中载明的特定资格被撤销仲裁员的资格。当事人可以自主决定撤销仲裁员资格的程序和条件。当事人申请撤销某仲裁员资格之后仲裁庭 1 个月以内仍未做出决定的，当事人则可以在 2 周内向相关法院申请撤销该仲裁员的资格。这里的相关法院是指对仲裁案件具有管辖权的法院。仲裁协议中与此项规定相冲突的条款无效。双方当事人就撤销仲裁员资格的程序及条件无法达成一致意见时，仲裁庭则无权决定是否撤销某仲裁员的资格。这种情况要求申请撤销某仲裁员资格的当事人应当在其了解到仲裁员任命事实或撤销裁员资格原因事实之后的 2 周内书面告知所有仲裁员及对方当事人。一方当事人将申请撤销仲裁员资格的事项通知相关仲裁员后的 2 周内仲裁员仍未辞职或被撤销仲裁资格，该当事人则可以向法院申请撤销此仲裁员的资格。仲裁员存在明显无法履行其仲裁职责的情况，或者仲裁员存在无正当理由拖延履行相应法定职责的情况，法院可以根据当事人申请撤销该仲裁员的资格。仲裁员因违反职责或其他原因被撤销资格，当事人须在法定期限内另行指定仲裁员。相关的选任程序与首次指定仲裁员程序相同。 方当事人指定的仲裁员辞职或被撤销资格，对方当事人则可以申请法院在法定期限内另行指定仲裁员。

仲裁员可以就其提供的服务以及仲裁过程中产生的其他费用向当事人收取相应仲裁费用。仲裁费用以及支付方式是由当事人与仲裁员协商达成。当事人与仲裁员就仲裁费用等问题未达成一致意见，仲裁员可以申请法院根据仲裁事项等内容裁定仲裁费用。法院就仲裁费用做出的裁定属于允许中间上诉的范围。一般而言，仲裁机构的仲裁规则会包含相关仲裁费用的内容。仲裁机构的规则并未就此内容做出规定，上述《民事诉讼法》的内容同样适用于机构仲裁程序。就仲裁员的豁免权问题，《民事诉讼法》并未做出详细的规范。该法仅规定：因仲裁员辞职而造成的损失，仲裁员须承担相应法律责任，有正当理由的除外。《民事诉讼法》原则上将当事人与仲裁员之间的法律关系类比地界定为当事人之间服务合同关系。从这个角度来看，仲裁员因过失或故意造成当事人损失，当事人可以请求赔偿。不过，《民事诉讼法》并未就此做出明确的规定，波兰境内主要仲裁机构的规则也仅将请求赔偿范围限制在仲裁员故意造成的损失。

### 2.4.3 仲裁程序

1. 仲裁程序的启动

仲裁程序在仲裁申请书送达对方当事人之日起正式开始，当事人另有约定的除外。在一定期限内（当事人约定或仲裁庭指定），当事人可以就仲裁事项提出请求主张，对方当事人也可以就仲裁事项提出抗辩主张。双方当事人在提出主张的同时可以提交所有相关证明材料。在仲裁程序中，当事人有义务提出己方的主张。当事人未履行相应主张义务，仲裁庭应当中止仲裁程序。其中，当事人未及时提交抗辩主张并不影响仲裁庭继续仲裁程序。当事人可以补充和变更己方对仲裁事项的主张，仲裁庭有理由认为当事人变更事实主张可能导致不合理延迟的情况除外。当事人就此有约定，那么程序须遵循双方约定。

双方当事人可以自主决定选择适用哪些仲裁程序。当事人未就适用何种仲裁程序达成一致意见，仲裁庭应当选择本案最适合的仲裁程序。法院解决类似纠纷的民事诉讼程序对仲裁庭并无任何约束力。仲裁协议中明确确定由仲裁机构来主持仲裁，当事人在达成协议之日起就须遵守该仲裁机构的相关规则，除非当事人另有约定或该仲裁机构规则另有规定。

2. 文书的送达

2005 年，波兰《民事诉讼法》对仲裁程序进行了较大幅度的修改。其中，立法专门设立条款规范仲裁程序中的文书送达事项。这主要是因为实践中许多案件因错误送达而剥夺了当事人参与仲裁程序的基本权利，最终致使仲裁裁决被撤销。因此，立法就此专门增设详细规则指引当事人避免上述问题。具体而言，任何书面文书被亲自送达当事人，或送达当事人登记的办公地点，或送达当事人有效住所地，或送达当事人提供的邮寄地址，该文书将被视为有效送达，当事人另有约定的除外。一方当事人为企业法人，那么文书送达该当事人注册登记地址后即可视为有效送达。上述地址送达之后都没有获得合理的反馈，该文书在送达最后一个已知的当事人送达地址之后即可视为有效送达。其中，送达日期从该文书投递送达当事人之日起合理期限内的最后一日开始计算。

3. 书面审理与听证程序

仲裁庭须确定案件是否需要举行听证程序以便当事人陈述相关主张和出示相关证据进行裁决，或者根据当事人已经提交的相关书面材料直接裁决。一方当事人要求举行听证程序而另一方当事人不同意，仲裁庭仍须在仲裁过程中适当阶段举行相应的听证程序。其中，任何一方当事人若未按要求参与听证程序或未提交相关证据，并不影响仲裁庭继续进行仲裁并做出相应裁决。

4. 证据规则

在仲裁程序中，仲裁庭可以听取证人证言审查书证及其他必要证据。但是，仲裁庭并不能强制当事人或第三方提交相关证据。仲裁庭更是无权强制任何人参与仲裁程序，也无权就此惩戒任何相关当事人。不过，仲截庭可以申请法院协助收集相关证据。

《民事诉讼法》明确规定，仲裁庭可以指定专家（证人）听取相关意见，当事人另有约定的除外。与此同时，仲裁庭还可以要求当事人提供相关事项的专家意见。一方当事人申请或者仲裁庭认为有必要的情况下，专家（证人）应当就其提供的专家意见参与相关听证程序并解释相关意见及接受当事人提问。

5. 保密义务

尽管保密是仲裁程序主要特色之一，《民事诉讼法》并未在立法层面设立相关的仲裁保密义务。波兰商事仲裁委员会的规则专门设立了仲裁程序的保密义务。不过，波兰私人雇主联合会利维坦地区仲裁机构（the Court of Arbitration at the Polish Confederation of Private Employers Lewiatan）的仲裁规则允许仲裁机构主席发布相关仲裁结果（相关当事人信息除外）。

## 2.4.4 仲裁裁决和特别程序

1.仲裁裁决形成

当事人可以在仲裁协议中自主选择解决相关纠纷所适用的实体法。当事人还可以授权仲裁庭根据平等原则或其他基本原则解决相关争议。不过，这要求当事人必须在仲裁协议或其他协议中“明确授权”。与此同时，仲裁庭应根据仲裁协议中的相关条款做出裁决，且须考虑贸易交往中的具体特性等因素。一般而言，仲裁庭就最终裁决形成多数意见即为有效裁决，除非仲裁协议中明确规定须达成一致意见。然而，在当事人或所有仲裁庭成员授权的情况下，首席仲裁员可以根据仲裁程序裁决相关事项。如仲裁员投票反对相关决定，他可以在 2 周时间内提出反对该裁决的理由。不过，实践中上述情况非常少见。仲裁员可以根据实际情况自主决定是否拒绝签字。换言之，拒绝在仲裁裁决上签字是仲裁员的一项权利。

波兰《民事诉讼法》对仲裁裁决的形式、内容及效力都做了明确规定。其中，仲裁裁决须书面载明下列事项：所依据的仲裁协议、裁决的地点和时间、当事人及仲裁员的姓名、争议事项的裁决内容、裁决理由、仲裁员签名。该法明确要求仲裁庭向双方当事人送达仲裁裁决。在临时仲裁程序中，仲裁庭须向法院提交与案件相关的文件以及仲裁裁决正本，还须提供证据证明相关文书已送达当事人。相比而言，机构仲裁程序中所产生的相关文书都由仲裁机构保存。

发现收到的仲裁裁决中存在计算错误、文书或格式错误等其他类似错误，当事人可以在收到裁决书之日起 2 周内要求仲裁庭更正并通知对方当事人。当事人在上述期限内还可以要求仲裁庭就特定事项或部分裁决内容做出进一步解释并通知对方当事人，双方当事人另有约定的除外。认为当事人的申请适当，仲裁庭须在其收到当事人申请之日起 2 周内更正相关内容或就相关内容做出解释。在做出仲裁裁决之后的 1 个月内，仲裁庭可以依职权更正其发现的仲裁裁决中计算错误、文书或格式错误等内容，并告知双方当事人。在收到仲裁裁决 1 个月内，当事人可以要求仲裁庭就仲裁期间新产生的争议事项做出补充仲裁裁决并通知对方当事人。仲裁庭认为当事人申请符合要求则应在当事人申请之日起 2 个月内做出相应仲裁裁决。如有必要，仲裁庭可以延长当事人申请更正、解释或补充仲裁裁决的期限。

2. 仲裁裁决的救济

就仲裁裁决的救济问题，波兰《民事诉讼法》明确规定当事人可以向法院申请撤销仲裁裁决。该法规定仲裁裁决可能因以下几个方面的原因被撤销：（1）缺少仲裁协议，仲裁协议无效或失效；（2）当事人不恰当地指定仲裁员或不合理地选择遴选仲裁员程序，以及其他剥夺对方当事人参与仲裁提出抗辩机会的情况；（3）仲裁裁决超出仲裁协议约定仲裁事项的范围（部分已决事项与仲裁协议中未列明之事项相互独立，该部分裁决内容仍可以被承认和执行）；（4）严重违反法定程序，尤其是违反仲裁庭组成程序（当事人未能在规定期限内或其他约定期限内提出异议，当事人可能无法就此申请撤销仲裁裁决）；（5）仲裁裁决涉及违法犯罪，以及仲裁依据的部分证据系伪造；（6）仲裁裁决的事项已存在已决判决；（7）裁决事项不具有可仲裁性；（8）仲裁裁决违反波兰公共政策。另外，当事人须在规定期限内向法院提起撤销仲裁裁决之诉。一般而言，当事人须在自裁决文书送达之日起3个月内向法院提起诉讼。仲裁裁决涉及违法犯罪，或裁决依据的证据系伪造，或裁决事项系已判决，那么当事人可以在获知上述事项3个月内提起诉讼，但是总期限不能超过收到仲裁裁决之日起5年。法院受理撤销仲裁裁决之诉后，可以根据当事人申请暂停诉讼程序，指定一定期限内仲裁庭可以修复之前仲裁程序的瑕疵或处理可能影响仲裁裁决被撤销的事项。

3. 仲裁裁决的执行

在波兰，仲裁庭做出的仲裁裁决以及当事人在仲裁程序中达成的和解协议与法院判决书具有同等效力，法院应当承认该仲裁裁决或和解协议并颁布执行许可令。国内仲裁裁决与外国仲裁裁决的承认与执行都适用《民事诉讼法》第5部分第8章的内容。不仅如此，波兰还是《欧洲公约》（European Convention）成员国，因此相关仲裁规则也同样适用。法院依当事人申请承认并就仲裁裁决颁布执行许可令。与此同时，当事人应当向法院提交仲裁裁决书及仲裁协议。承认及颁布执行许可令过程中，法院无须对案件进行实质审查，仅须根据仲裁庭提交的相关文件审查争议事项是否具有可仲裁性，或者许可执行的仲裁裁决是否有违波兰公共政策或公共秩序。

就外国仲裁裁决而言，法院则根据申请人提交的相关文件来审查是否承认及执行该裁决。法院在承认或颁发仲裁执行令前须举行听证程序。相比而言，法院承认和执行国内仲裁的程序更为简易，法院可以在当事人出庭的情况下决定是否承认或执行相关裁决。根据《民事诉讼法》，法院可以拒绝承认和执行存在以下情形之一的国外仲裁裁决：（1）缺少仲裁协议，仲裁协议无效或失效；（2）当事人不恰当地指定仲裁员或不合理地选择遴选仲裁员程序，以及其他剥夺对方当事人参与仲裁提出抗辩机会的情况；（3）仲裁裁决超出仲裁协议约定仲裁事项的范围；（4）仲裁庭的组成及其他仲裁程序违反仲裁协议约定或有违仲裁地国家的法律规定；（5）仲裁裁决未生效，或仲裁裁决被仲裁地所在法院撤销，或仲裁裁决依据的法律被废止。上述不予承认或执行外国仲裁裁决的规则仅适用非《纽约公约》成员国仲裁机构所做出的仲裁裁决。不过，《纽约公约》成员国做出的仲裁裁决承认与执行则优先适用《纽约公约》相关条款。

4. 特别程序

一般而言，波兰法律允许当事人与消费者之间达成的主合同中可以包括解决纷争的仲裁协议。但是，《民事诉讼法》第385条第3款规定，仲裁协议（条款）包含在一般性（格式）条款或合同文本之中，且剥夺了消费者与当事人事实上协商谈判的机会，那么该仲裁协议（条款）即被视为无效。在波兰，消费者纠纷可以通过常设消费者仲裁机构解决，例如：国家商业监管部门下设的友好型消费者纠纷仲裁庭。而且，波兰其他重要领域或部门也同样设立了类似的仲裁机构，如银行业务纠纷仲裁机构。另外，《民事诉讼法》第 1164 条明确规定，当事人之间的劳动争议可以适用仲裁程序。不过，该条同时规定，当事人须在劳动争议发生之后达成明确的书面仲裁协议。与此同时，《民事诉讼法》第 1164 条还明确排除当事人通过《民事诉讼法》第 1162 条第 2 款规定的形式达成劳动争议仲裁协议。换言之，当事人在劳动争议案件中不得通过简易方式达成仲裁协议，即排除附属仲裁条款、简易确认仲裁条款。

# 第3章 波兰贸易环境

## 3.1 波兰对外贸易现状

1999年—2019年，波兰的对外贸易发展迅速，对外贸易依存度不断上升，由1999年的43.16%增加到了2019年的88.83%[①]。2019年，波兰的进出口贸易总额是20 195亿兹罗提（约4 698亿欧元），外贸顺差为79亿兹罗提（约18亿欧元）。而波兰于2018年出现贸易逆差，达195亿兹罗提[②]。

### 3.1.1 货物贸易现状

1. 货物出口贸易

1999年—2011年，波兰的货物出口贸易额保持高速增长状态，从1999年的256.7亿欧元增加到了2011年的1 355.6亿欧元，增幅达428%，年均增长率为15.5%。从数据中可以看出，自2004年波兰加入欧盟，在其基础设施建设和经济飞速发展的同时，出口贸易额的增长率也在一段时间内得到了较大提升。这期间，于2009年受到国际金融危机的影响，其货物出口贸易缩减了15.56%。2012年—2019年，波兰的货物出口贸易额增长平缓，由1 442.8亿欧元增加到2 358.6亿欧元，增加了63.5%，年均增长率为7.2%。在这二十年间，波兰的货物出口额占欧元区货物出口额的比重也不断上升，由1.47%上升到5.47%。

---

① 数据来源：World Bank。

② 数据来源：波兰中央统计局。

2005 年—2019 年间，波兰按标准国际贸易分类（SITC）的各类商品出口基本都有大幅增加。其中，增幅最大的为饮料和烟草，增幅为 972%，其次为化学品和相关产品，增幅为 359%，食品和活畜增幅为 322%，增幅最小的是矿物燃料、润滑油及相关材料，为 47%。这期间，在波兰出口贸易额中占比最大的是机械和运输设备，平均占比为 39.19%，其次为工业制成品，平均占比为 20.55%，占比最小的是动物和植物油、脂肪和蜡，平均占比为 0.2%。总体看来，这期间，波兰的货物出口结构并无较大改变。

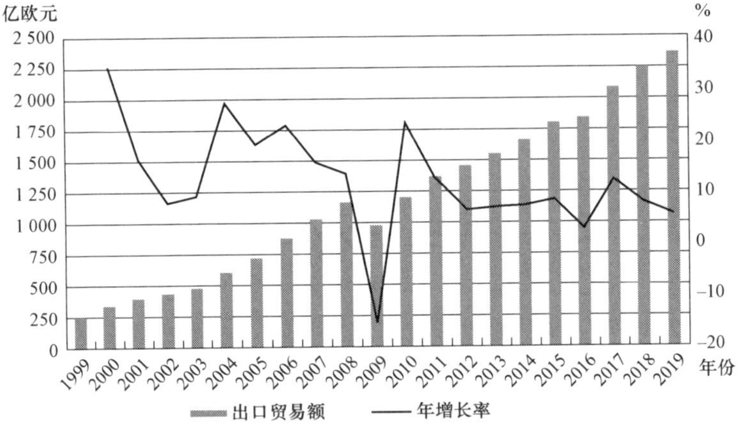


**图 3－1 1999 年—2019 年波兰货物出口贸易额及增长率**

数据来源：Eurostat。

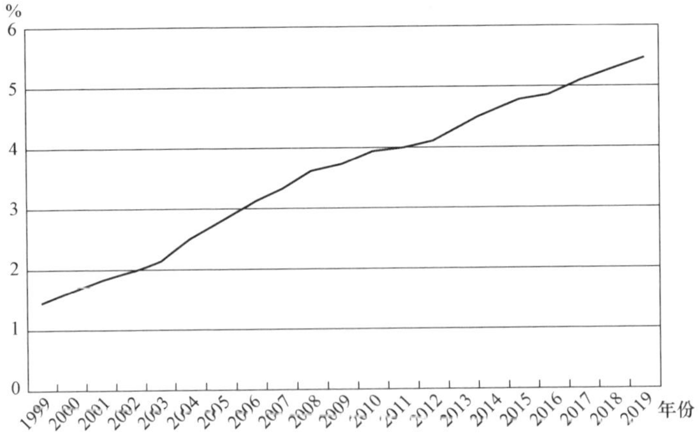


**图 3－2 1999 年—2019 年波兰货物出口贸易占欧元区比重**

数据来源：World Bank。

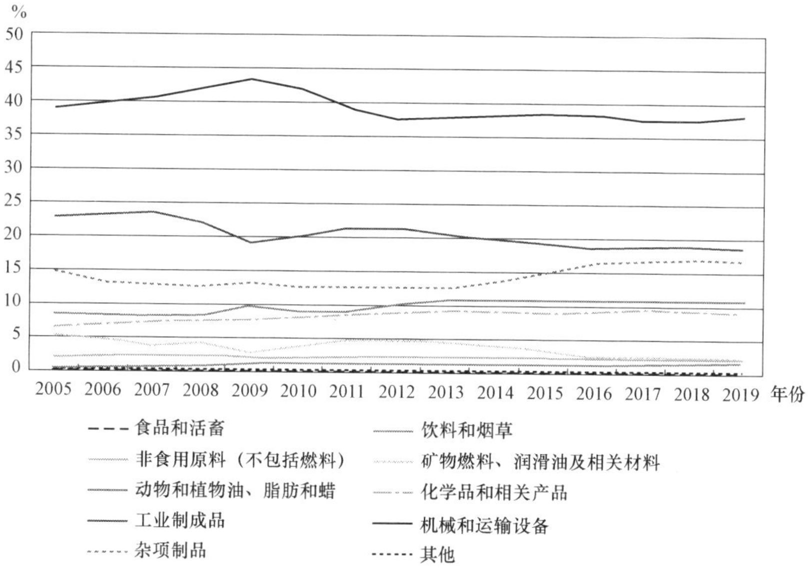


**图 3－3　2005 年—2019 年波兰出口商品百分比**（按 SITC 计算）

数据来源：波兰中央统计局。

1999 年，波兰货物出口贸易额前十位的目标国家为德国、意大利、荷兰、法国、英国、捷克、丹麦、比利时、美国、俄罗斯。上述十个国家货物出口贸易额占波兰总货物出口贸易额的比重高达 71.9%，其中波兰向德国出口的货物贸易额为 99 亿美元，占其货物出口贸易总额的 36.18%。2009 年，波兰货物出口贸易额前十位的目标国家为德国、法国、意大利、英国、捷克、荷兰、俄罗斯、匈牙利、瑞典、西班牙。2019 年，波兰货物出口贸易额前十位的目标国家为德国、捷克、英国、法国、意大利、荷兰、俄罗斯、美国、匈牙利、瑞典；上述十个国家货物出口贸易额占波兰货物出口贸易总额的比重为 66.07%；其中，波兰向德国出口的货物贸易额为 692 亿美元，占其货物出口贸易总额的 27.48%。在这二十年间，波兰货物出口的主要目标国家变化不大，德国因为紧邻波兰的地理优势，常年保持在波兰出口目标国的首位。

**表 3－1　　1999 年、2009 年、2019 年波兰货物出口额前十位目标国**（单位：亿美元）

| 国家 | 1999 年 | 国家 | 2009 年 | 国家 | 2019 年 |
|---|---|---|---|---|---|
| 德国 | 99.038 03 | 德国 | 356.795 9 | 德国 | 692.248 5 |
| 意大利 | 18.015 11 | 法国 | 94.989 12 | 捷克 | 155.032 1 |
| 荷兰 | 14.458 56 | 意大利 | 93.144 23 | 英国 | 152.366 2 |

续表

| 国家 | 1999 年 | 国家 | 2009 年 | 国家 | 2019 年 |
|---|---|---|---|---|---|
| 法国 | 13.302 92 | 英国 | 87.715 63 | 法国 | 146.308 2 |
| 英国 | 10.993 72 | 捷克 | 80.056 8 | 意大利 | 116.539 2 |
| 捷克 | 10.408 5 | 荷兰 | 57.516 39 | 荷兰 | 110.295 3 |
| 丹麦 | 8.430 86 | 俄罗斯 | 50.151 5 | 俄罗斯 | 78.640 95 |
| 比利时 | 7.602 54 | 匈牙利 | 36.989 96 | 美国 | 73.337 74 |
| 美国 | 7.588 62 | 瑞典 | 36.671 11 | 匈牙利 | 69.793 31 |
| 俄罗斯 | 7.102 37 | 西班牙 | 35.845 74 | 瑞典 | 69.559 86 |

数据来源：联合国商品贸易数据库。

2. 货物进口贸易

1999 年，波兰的货物进口额为 430 亿欧元，1999 年—2003 年货物进口额增长幅度较小，而自 2004 年波兰加入欧盟起，货物进口贸易额开始迅猛增长，从 2004 年的 721.8 亿欧元增加到了 2011 年的 1 514.3 亿欧元，平均年增长率为 13.37%，其中，2009 年受全球金融危机的影响，货物进口规模缩减了 24.63%。2012 年—2019 年，进口贸易额又进入平稳增长时期，年均增长率为 5.69%，2019 年货物进口额为 2 340 亿欧元。其占欧盟进口贸易额的比重也不断增加，由 1999 年的 2.57%增加到了 2019 年的 5.75%。

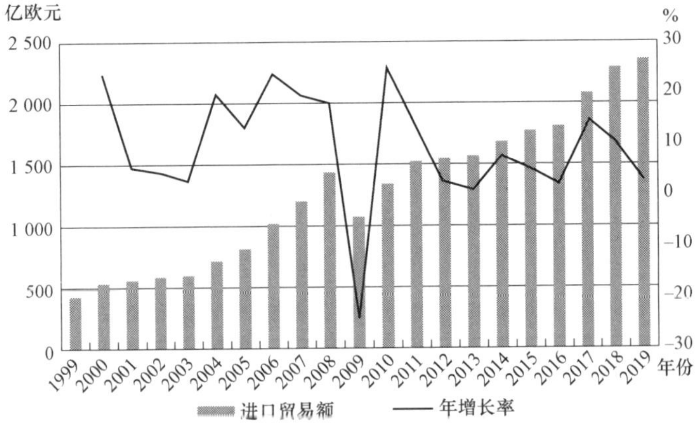


**图 3－4　波兰 1999 年—2019 年波兰货物进口贸易额及增长率**

数据来源：Eurostat。

2005 年—2019 年，波兰按标准国际贸易分类（SITC）的各类商品进口基本都有大幅增加。其中，增幅最大的为饮料和烟草，增幅为 397.7%，其次为杂项制品，增幅为 367%，食品和活畜增幅为 310.7%，增幅最小的是矿物燃料、润滑油及相关材料，为 104.8%。这期间，在波兰进口贸易额中占比最大的是机械和运输设备，平均占比为 34.71%，其次为工业制成品，平均占比为 18.49%，占比最小的是动物和植物油、脂肪和蜡，平均占比为 0.37%。总体看来，这期间，波兰的货物进口结构并无较大改变，仍是以机械和运输设备、工业制成品为主。

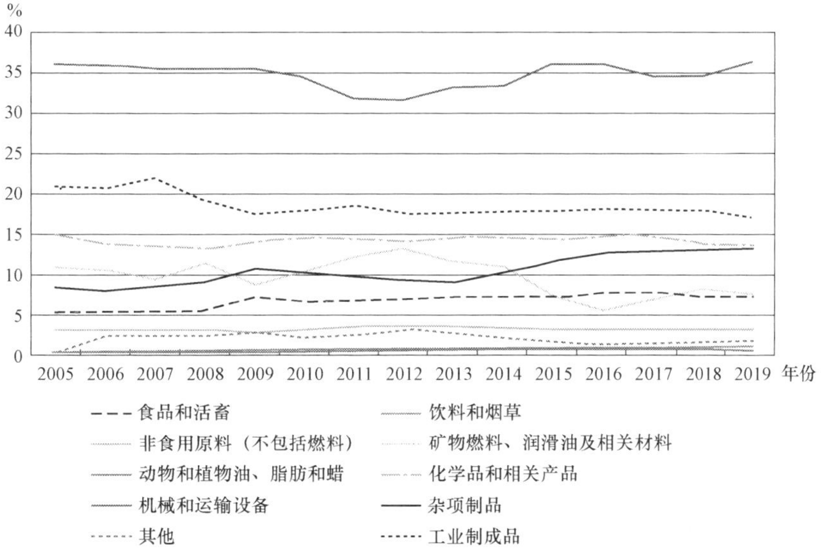


**图 3–5 2005 年—2019 年波兰进口商品百分比**（按 SITC 计算）

数据来源：波兰中央统计局。

1999 年，波兰进口货物贸易额排名前十位的来源国为德国、意大利、法国、俄罗斯、英国、荷兰、美国、捷克、瑞典、比利时，中国排第十一位。上述十个国家占波兰进口贸易额的比重达 68.43%，其中，波兰货物贸易第一大进口来源国为德国，进口贸易额为 115.8 亿美元，占比 25.25%。2009 年，波兰进口货物贸易额排名前十位的来源国为德国、中国、俄罗斯、意大利、法国、荷兰、捷克、韩国、英国、比利时，上述十个国家占波兰进口贸易额的比重达 67.14%，其中，波兰货物贸易第一大进口来源国仍为德国，进口贸易额为 334.2 亿美元，占比 22.34%。2019 年，波兰进口货物贸易额排名前十位的来源国为德国、中国、俄罗斯、意大利、荷兰、法国、捷克、美国、西班牙、比利时，上述十个国家占波兰进口贸易额的比重达 63.76%，其中，波兰货物贸易第一大进口来源国依旧为德国，进口贸易额为692.2亿美元，排名第二的是中国，进口贸易额为155亿美元。这期间，德国一直是波兰进口货物贸易的最大来源国。近年来，中国也已经发展为波兰进口货物贸易的第二大来源国。

**表3-2　　1999年、2009年、2019年波兰进口额前十位来源国**（单位：亿美元）

| 国家 | 1999年 | 国家 | 2009年 | 国家 | 2019年 |
|---|---|---|---|---|---|
| 德国 | 115.83 | 德国 | 334.18 | 德国 | 692.248 5 |
| 意大利 | 42.99 | 中国 | 139.14 | 中国 | 155.032 1 |
| 法国 | 31.36 | 俄罗斯 | 128.34 | 俄罗斯 | 152.366 2 |
| 俄罗斯 | 26.76 | 意大利 | 101.66 | 意大利 | 146.308 2 |
| 英国 | 21.05 | 法国 | 68.93 | 荷兰 | 116.539 2 |
| 荷兰 | 17.21 | 荷兰 | 54.35 | 法国 | 110.295 3 |
| 美国 | 16.56 | 捷克 | 54.00 | 捷克 | 78.640 95 |
| 捷克 | 14.72 | 韩国 | 44.81 | 美国 | 73.337 74 |
| 瑞典 | 14.46 | 英国 | 44.18 | 西班牙 | 69.793 31 |
| 比利时 | 12.97 | 比利时 | 34.67 | 比利时 | 69.559 86 |

数据来源：联合国商品贸易数据库。

3. 贸易均衡

2000年—2006年间，波兰处于货物贸易逆差状态，且逆差的规模较为稳定。2006年—2008年间，波兰的货物贸易逆差规模扩大，货物贸易逆差额由160亿美元扩大到了386亿美元，增长了141%。2009年的货物贸易逆差额又回落到2007年以前的水平，随后在2009年—2011年间逆差额小幅增长。之后，2011年—2014年的货物贸易逆差额逐步缩小到22亿美元。2015年—2019年间，除2018年之外，波兰基本处于货物贸易顺差状态，2019年波兰货物贸易顺差额为52亿美元。

1999年，波兰货物贸易顺差额前十位的产品类别分别为家具、照明，非针织或钩编的服装，船舶、船只及其他漂浮物，木材和木制品，铜及其制品，钢铁制品，服装、配饰、针织或钩编制品，珍珠、宝石、金属等；其他制成的纺织品，肉、鱼和海鲜食品的制备等。这十类产品的贸易顺差总额为61亿美元。波兰货物贸易逆差额前十位的产品类别是核反应堆、锅炉、机械等，电气、电子设备，除铁路或电车轨道车辆以外的车辆，矿物燃料、矿物油及其蒸馏产物，塑料及其制品，药品，光学、照相、医疗等设备，纸和纸板、纸浆及制品，杂项化工产品，

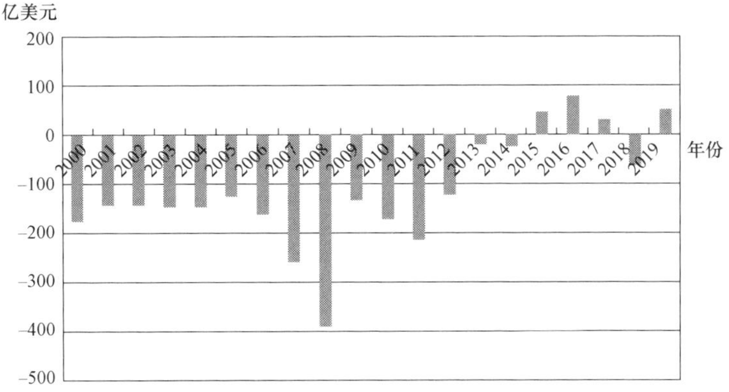


**图 3-6　2000 年—2019 年波兰货物贸易差额**

数据来源：联合国商品贸易数据库。

鞣制或染色提取物。2009 年，波兰货物贸易顺差额前十位的产品类别分别为：除铁路或电车轨道车辆以外的车辆及其零配件，家具、床上用品、床垫，铜及其制品，木材及木制品，船舶、船只和浮动结构，烟草和烟草替代品，乳制品、禽蛋等，钢铁制品，肉和食用杂碎，香精油和类树脂、香料、化妆品。波兰货物贸易逆差额前十位的产品类别是：矿物燃料、矿物油及其蒸馏产物等，光学、摄影、医疗或外科手术器械，药品，核反应堆、锅炉、机械和机械设备、部分零件，塑料及其制品，钢铁，杂项化工产品，有机化学品，鞣制或染色提取物等，食物工业的残渣和废物。2019 年，波兰货物贸易顺差额前十位的产品类别分别为：家具、床上用品、床垫，车辆（除铁路或有轨电车机车辆及其零配件以外），核反应堆、锅炉、机械和机械设备，肉和食用肉内脏，烟草和人造烟草替代品，钢铁制品，木材及木制品、木炭，铜及其制品，谷物、面粉、淀粉或牛奶制品等，肉、鱼或甲壳类等。波兰货物贸易逆差额前十位的产品类别是：矿物燃料、矿物油及其蒸馏产物，铁和钢，电气机械设备及其零件，药品，有机化学品，塑料及其制品，矿石、矿渣和灰分，服装和服饰配件，鞣制或染色提取物，飞机、航天器及其部件。

**表 3-3　1999 年、2009 年、2019 年波兰贸易顺差额前十类商品**（单位：亿美元）

| 商品类别 | 1999 年 | 商品类别 | 2009 年 | 商品类别 | 2019 年 |
|---|---|---|---|---|---|
| 家具，照明，标志，预制建筑物 | 15.569 92 | 除铁路或电车轨道车辆以外的车辆及其零配件 | 78.394 65 | 家具；床上用品，床垫 | 107.084 8 |

续表

| 商品类别 | 1999 年 | 商品类别 | 2009 年 | 商品类别 | 2019 年 |
|---|---|---|---|---|---|
| 非针织或钩编的服装，配件用品 | 14.300 3 | 家具；床上用品，床垫 | 59.955 22 | 车辆；除铁路或有轨电车机车车辆及其零配件以外 | 45.430 54 |
| 船舶，船只及其他漂浮物 | 9.785 19 | 铜及其制品 | 17.867 69 | 核反应堆，锅炉，机械设备 | 39.435 03 |
| 木材和木制品，木炭 | 7.392 34 | 木材及木制品 | 16.169 93 | 肉和食用肉内脏 | 38.712 64 |
| 铜及其制品 | 5.286 51 | 船舶，船只和浮动结构 | 11.643 09 | 烟草和人造烟草替代品 | 31.387 17 |
| 钢铁制品 | 2.025 32 | 烟草和烟草替代品 | 10.376 78 | 钢铁制品 | 29.798 34 |
| 服装，配饰，针织或钩编物品 | 1.915 27 | 乳制品；禽蛋；天然蜂蜜；动物来源的可食用产品 | 10.236 85 | 木材及木制品；木炭 | 21.845 55 |
| 珍珠，宝石，金属，硬币等 | 1.839 64 | 钢铁制品 | 8.523 728 | 铜及其制品 | 19.139 94 |
| 其他制成的纺织品，布具，旧衣服等 | 1.499 37 | 肉和食用杂碎 | 8.089 953 | 谷物，面粉，淀粉或牛奶的制剂；糕点师做的糕点 | 17.769 47 |
| 肉，鱼和海鲜食品的制备 | 1.484 79 | 香精油和类树脂；香料，化妆品 | 6.188 582 | 肉，鱼或甲壳类，软体动物或其他水生无脊椎动物 | 16.843 28 |

数据来源：wind 数据库。

**表 3-4　　1999 年、2009 年、2019 年波兰贸易逆差额前十类商品**（单位：亿美元）

| 商品类别 | 1999 年 | 商品类别 | 2009 年 | 商品类别 | 2019 年 |
|---|---|---|---|---|---|
| 核反应堆，锅炉，机械等 | -59.361 1 | 矿物燃料，矿物油及其蒸馏产物；沥青物质；矿物蜡 | -99.087 1 | 矿物燃料，矿物油及其蒸馏产物；沥青物质；矿物蜡 | -144.052 |
| 电气，电子设备 | -22.374 | 光学，摄影、医疗或外科手术器械 | -35.025 8 | 铁和钢 | -42.462 2 |

续表

| 商品类别 | 1999 年 | 商品类别 | 2009 年 | 商品类别 | 2019 年 |
|---|---|---|---|---|---|
| 铁路，电车以外的车辆 | −20.737 | 药品 | −33.267 7 | 电气机械设备及其零件 | −30.076 3 |
| 矿物燃料，油，蒸馏产品等 | −19.152 2 | 核反应堆，锅炉，机械和机械设备；部分零件 | −28.309 4 | 药品 | −26.027 3 |
| 塑料及其制品 | −18.912 | 塑料及其制品 | −27.876 9 | 有机化学品 | −16.621 3 |
| 医药产品 | −13.08 | 钢铁 | −21.574 9 | 塑料及其制品 | −16.140 1 |
| 光学，照相，技术，医疗等设备 | −7.649 2 | 杂项化工产品 | −16.431 5 | 矿石，矿渣和灰分 | −10.769 3 |
| 纸和纸板，纸浆，纸和纸板制品 | −7.041 07 | 有机化学品 | −13.326 | 服装和服饰配件；针织或钩编的 | −8.603 56 |
| 杂项化工产品 | −6.232 32 | 鞣制或染色提取物；单宁及其衍生物 | −8.827 65 | 鞣制或染色提取物；单宁酸及其衍生物 | −7.698 27 |
| 鞣制，染色提取物，单宁 | −5.490 27 | 食物工业的残渣和废物 | −7.601 08 | 飞机、航天器及其部件 | −7.118 39 |

数据来源：wind 数据库。

1999 年，波兰货物贸易逆差额前十的国家为德国、意大利、法国、俄罗斯、英国、荷兰、美国、捷克、瑞典、中国，与这十个国家的货物贸易逆差总额为 311 亿美元。2009 年，波兰货物贸易逆差额前十的国家为中国、俄罗斯、韩国、日本、美国、意大利、芬兰、阿根廷、泰国、巴西，与这十个国家的货物贸易逆差总额为 316 亿美元。2019 年，波兰货物贸易顺差额前十的国家为德国、英国、捷克、法国、罗马尼亚、匈牙利、瑞典、乌克兰、斯洛伐克、立陶宛，与这十个国家的货物贸易顺差总额为 538 亿美元。

### 3.1.2 服务贸易现状

1. 服务出口贸易

2000 年—2008 年，波兰的服务贸易出口额不断增长，由 2000 年的 105 亿美元增加到了 2008 年的 336 亿美元，增长了 220%，平均年增长率为 16.74%。2009 年，受全球金融危机影响，波兰的服务贸易出口额有所下降，随后 2009 年—2018 年又呈增长态势，平均年增长率为 6.85%。2018 年，波兰的服务贸易出口额为 625

亿美元。

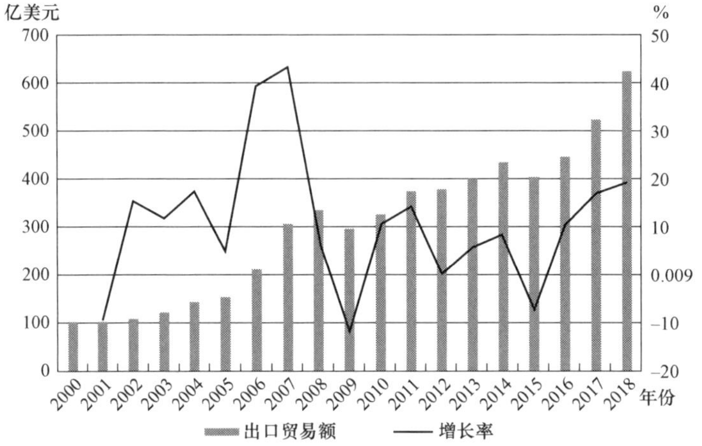


**图 3-7　2000 年—2018 年波兰服务出口贸易额及增长率**

数据来源：wind 数据库。

2000 年，波兰服务贸易出口额排名前三位的服务类别（EBOPS2002）是旅行、运输、其他商业服务；这三类服务占波兰服务贸易总出口额的 90.5%，其中旅行服务占比高达 54.7%。2009 年，波兰服务贸易出口额排名前三位的依然是旅行、运输和其他商业服务，占比为 87%，其中旅行服务的占比有所下降，为 31.1%。2018 年，波兰服务贸易出口额排名前三位的服务类别是运输、其他商业服务和旅行；这三类服务占波兰服务贸易总出口额的 78.7%，其中运输服务占比为 30.5%。可以看出，2000 年—2018 年，在波兰的服务贸易出口结构中，旅行服务所占比重不断下降，但旅行服务和运输服务仍是波兰出口服务的主要类别。

**表 3-5　　2000 年、2009 年、2018 年波兰出口贸易额前五类服务**（单位：亿美元）

| 服务类别 | 2000 年 | 服务类别 | 2009 年 | 服务类别 | 2018 年 |
|---|---|---|---|---|---|
| 旅行 | 57.529 3 | 旅行 | 92.512 51 | 运输 | 190.355 5 |
| 运输 | 24.642 81 | 运输 | 89.629 71 | 其他商业服务 | 159.858 4 |
| 其他商业服务 | 13.002 77 | 其他商业服务 | 76.067 92 | 旅行 | 140.819 5 |
| 建筑服务 | 2.997 066 | 建筑服务 | 15.402 66 | 计算机和信息服务 | 71.763 95 |
| 通信服务 | 2.360 976 | 计算机和信息服务 | 9.117 759 | 建筑服务 | 22.622 45 |

数据来源：wind 数据库。

2009 年，波兰服务出口贸易额前十位的目标国家分别是德国、英国、瑞士、荷兰、美国、捷克、法国、乌克兰、比利时和俄罗斯，波兰对上述十个国家的服务出口贸易额占波兰总服务出口贸易的比重达 72.7%。2018 年，波兰服务出口贸易额前十位的目标国家分别是德国、英国、美国、荷兰、乌克兰、瑞士、法国、瑞典、捷克和爱尔兰，波兰对上述十个国家的服务出口贸易额占波兰总服务出口贸易的比重达 69.3%。

**表 3－6　2009 年、2018 年波兰服务出口贸易额前十位的国家**（单位：亿美元）

| 国家 | 2009 年 | 国家 | 2018 年 |
|---|---|---|---|
| 德国 | 83.840 82 | 德国 | 141.798 7 |
| 英国 | 22.493 15 | 英国 | 49.135 59 |
| 瑞士 | 20.911 94 | 美国 | 43.365 7 |
| 荷兰 | 17.406 64 | 荷兰 | 40.649 07 |
| 美国 | 16.447 92 | 乌克兰 | 38.306 86 |
| 捷克 | 13.724 91 | 瑞士 | 37.386 75 |
| 法国 | 13.122 38 | 法国 | 24.710 71 |
| 乌克兰 | 10.589 12 | 瑞典 | 22.027 15 |
| 比利时 | 9.277 55 | 捷克 | 19.739 28 |
| 俄罗斯 | 8.868 103 | 爱尔兰 | 16.453 34 |

数据来源：wind 数据库。

2. 服务进口贸易

2000 年—2008 年，波兰服务贸易进口额不断增加，由 91 亿美元增加到了 287 亿美元，平均年增长率为 16.2%。2009 年，受全球金融危机影响，波兰的服务贸易进口额有所下降。2009 年—2018 年，波兰的服务贸易进口额平稳增加，但在 2015 年，受经济波动影响，服务贸易进口规模有所缩减。这期间，平均年增长率为 4.34%，2018 年，波兰服务贸易进口额为 420 亿美元。

2000 年，波兰进口服务贸易额前三位的服务类别为旅行、其他商业服务和运输。这三类服务的进口贸易额占波兰服务贸易进口总额的 74.2%，其中旅行服务占比达 37%。2009 年，波兰进口服务贸易额前三位的服务类别为旅行、其他商业服务和运输。这三类服务的进口贸易额占波兰服务贸易进口总额的 74.1%，其中旅行服务占比达 30.4%。2018 年，波兰进口服务贸易额前三位的服务类别分别为其他

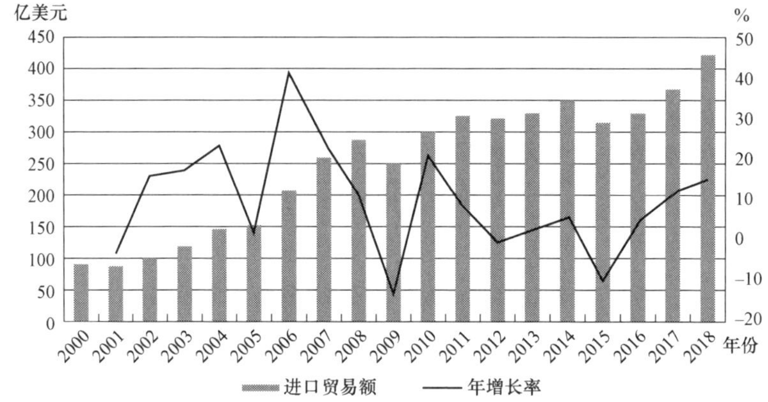


**图 3－8　2000 年—2018 年波兰服务进口贸易额及增长率**

数据来源：wind 数据库。

商业服务、运输和旅行，三者占比为 73.9%，其中旅行服务占比 23.3%。可以看出，2000 年—2018 年，波兰的服务进口结构无较大变化，基本以旅行、运输和其他商业服务为主，但是旅行服务进口额所占的比重逐年下降。

**表 3－7　　2000 年、2009 年、2018 年波兰前五类服务进口贸易额**（单位：亿美元）

| 服务类别 | 2000 年 | 服务类别 | 2009 年 | 服务类别 | 2018 年 |
|---|---|---|---|---|---|
| 旅行 | 33.552 76 | 旅行 | 75.492 02 | 其他商业服务 | 112.305 5 |
| 其他商业服务 | 18.370 1 | 其他商业服务 | 54.839 74 | 运输 | 99.229 09 |
| 运输 | 15.521 61 | 运输 | 53.944 28 | 旅行 | 97.562 49 |
| 特许使用费和许可费 | 5.622 695 | 特许使用费和许可费 | 15.941 94 | 特许使用费和许可费 | 36.550 5 |
| 通信服务 | 4.243 713 | 建筑服务 | 10.119 75 | 计算机和信息服务 | 36.106 39 |

数据来源：wind 数据库。

2009 年，波兰服务进口贸易额前十位的目标国家分别是德国、英国、美国、荷兰、法国、捷克、意大利、奥地利、比利时、瑞士，上述十个国家货物进口贸易额占波兰总服务进口贸易的比重达 70.5%。2018 年，波兰服务进口贸易额前十位的目标国家分别是德国、英国、法国、荷兰、美国、捷克、爱尔兰、意大利、瑞士、奥地利，上述十个国家货物进口贸易额占波兰总服务进口贸易的比重达 66.4%。

表 3-8 2009 年、2018 年前十位国家服务进口贸易额（单位：亿美元）

| 国家 | 2009 年 | 国家 | 2018 年 |
|---|---|---|---|
| 德国 | 58.66 | 德国 | 89.95 |
| 英国 | 22.57 | 英国 | 35.04 |
| 美国 | 16.30 | 法国 | 23.65 |
| 荷兰 | 16.03 | 荷兰 | 23.41 |
| 法国 | 15.52 | 美国 | 22.45 |
| 捷克 | 11.34 | 捷克 | 20.56 |
| 意大利 | 11.10 | 爱尔兰 | 19.13 |
| 奥地利 | 8.26 | 意大利 | 16.26 |
| 比利时 | 8.05 | 瑞士 | 15.29 |
| 瑞士 | 7.51 | 奥地利 | 12.74 |

数据来源：wind 数据库。

3. 贸易均衡

波兰的服务贸易常年处于顺差状态。2000 年—2006 年，波兰的服务贸易顺差规模较小，平均顺差额为 7.4 亿美元。2007 年起，波兰的服务贸易顺差扩大，服务贸易顺差额平稳增加，由 2007 年的 50 亿美元增加到了 2015 年的 89 亿美元。2015 年—2018 年，波兰服务贸易顺差迅速扩大，平均年增长率达到了 32%。

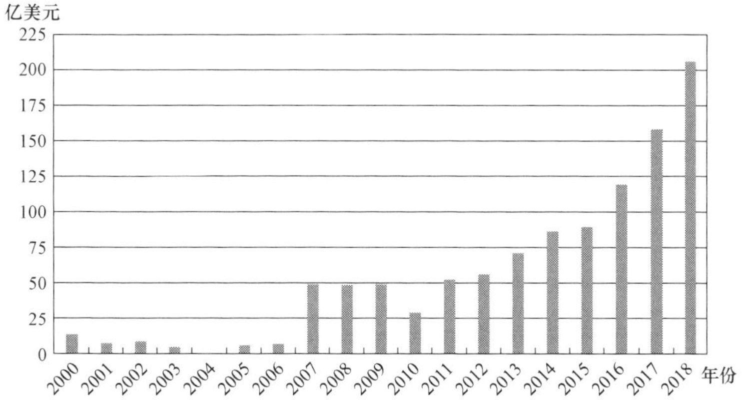


图 3-9 2000 年—2018 年波兰服务贸易差额

数据来源：wind 数据库。

2000年，波兰服务贸易中只有旅行和运输两类服务处于顺差状态，其他服务的贸易额均为逆差，这两类服务的顺差额为33亿美元。2009年，波兰服务贸易处于顺差的有运输、其他商业服务、旅行、建筑服务、计算机和信息服务，这五类服务的顺差额为79.6亿美元。2018年，除了保险服务、特许使用费和许可费之外，其他服务均处于顺差状态，顺差总额为240亿美元。可以看出，2000年—2018年，波兰的服务贸易顺差不断扩大，且随着信息技术的发展，波兰的计算机和信息服务出口也不断增加。

**表3－9　　2000年、2009年、2018年波兰各类服务贸易差额**（单位：亿美元）

| 服务类别 | 2000年 | 服务类别 | 2009年 | 服务类别 | 2018年 |
|---|---|---|---|---|---|
| 旅行 | 23.98 | 运输 | 35.69 | 运输 | 91.13 |
| 运输 | 9.12 | 其他商业服务 | 21.23 | 其他商业服务 | 47.55 |
| 建筑服务 | －0.21 | 旅行 | 17.02 | 旅行 | 43.26 |
| 个人文化和娱乐服务 | －0.90 | 建筑服务 | 5.28 | 计算机和信息服务 | 35.66 |
| 保险服务 | －1.13 | 计算机和信息服务 | 0.34 | 建筑服务 | 17.50 |
| 金融服务 | －1.16 | 通信服务 | －1.66 | 个人文化和娱乐服务 | 2.44 |
| 计算机和信息服务 | －1.58 | 个人文化和娱乐服务 | －2.00 | 金融服务 | 1.32 |
| 通信服务 | －1.88 | 保险服务 | －4.36 | 通信服务 | 0.75 |
| 特许使用费和许可费 | －5.28 | 金融服务 | －4.61 | 保险服务 | －3.29 |
| 其他商业服务 | －5.37 | 特许使用费和许可费 | －14.86 | 特许使用费和许可费 | －30.38 |

数据来源：wind数据库。

2009年，波兰服务贸易顺差额前十位的国家分别为德国、瑞士、乌克兰、白俄罗斯、俄罗斯、立陶宛、捷克、斯洛伐克、荷兰和爱尔兰，其中与德国的服务贸易顺差额为25.2亿美元，占波兰服务贸易顺差总额的51%。波兰服务贸易逆差额前十位的国家分别为意大利、埃及、法国、克罗地亚、土耳其、中国、希腊、日本和奥地利，与意大利的贸易逆差额为5亿美元。2018年，波兰服务贸易顺差额前十位的国家分别为德国、乌克兰、瑞士、美国、荷兰、英国、瑞典、白俄罗斯、俄罗斯、芬兰，上述十个国家的总逆差额为191亿美元，占比达93%。

表 3-10 2009 年、2018 年波兰与各国的服务贸易差额（单位：亿美元）

| 2009 年 | | | | 2018 年 | |
|---|---|---|---|---|---|
| 国家 | 贸易差额 | 国家 | 贸易差额 | 国家 | 贸易差额 |
| 德国 | 25.182 87 | 意大利 | -5.006 62 | 德国 | 51.853 4 |
| 瑞士 | 13.398 69 | 埃及 | -3.338 85 | 乌克兰 | 33.527 95 |
| 乌克兰 | 7.633 077 | 法国 | -2.396 78 | 瑞士 | 22.093 3 |
| 白俄罗斯 | 4.783 584 | 克罗地亚 | -1.877 49 | 美国 | 20.918 06 |
| 俄罗斯 | 3.535 261 | 土耳其 | -1.514 63 | 荷兰 | 17.236 43 |
| 立陶宛 | 2.569 886 | 西班牙 | -1.438 08 | 英国 | 14.099 32 |
| 捷克 | 2.383 473 | 中国 | -1.101 86 | 瑞典 | 11.034 25 |
| 斯洛伐克 | 2.276 94 | 希腊 | -1.015 31 | 白俄罗斯 | 7.669 168 |
| 荷兰 | 1.378 15 | 日本 | -0.992 | 俄罗斯 | 6.956 938 |
| 爱尔兰 | 1.248 323 | 奥地利 | -0.489 34 | 芬兰 | 5.938 792 |

数据来源：wind 数据库。

### 3.1.3 波兰与中国进出口贸易现状

1. 货物贸易

1999 年—2019 年，波兰与中国的货物贸易常年处于逆差状态，且逆差规模逐年扩大，由 1999 年的 11 亿美元扩大到 2019 年的 277 亿美元，平均年增长率为 19.11%。

（1）货物出口贸易

1999 年—2003 年，波兰向中国出口的货物贸易额比较平稳，1999 年为 1.3 亿美元，2003 年为 2.5 亿美元。2004 年波兰加入欧盟后，波兰向中国的货物出口贸易额迅速增长，增加到了 2014 年的 22.5 亿美元，平均年增长率为 25.44%。2015 年、2016 年波兰向中国的货物出口额有所下降，随后 2016 年—2019 年又逐步上升，平均年增长率为 12.38%，2019 年波兰对中国的货物出口额为 27 亿美元。

2011 年，波兰向中国出口的货物中出口额排在前十位的是铜制品，有机化学品，电气机械设备及其零件，核反应堆、锅炉，家具、床上用品，橡胶制品，塑料制品，除铁路或电车轨道以外的车辆，乳制品、品目未列明的可食用动物产品，光学、摄影、医疗或外科仪器。上述十类商品占 2011 年波兰向中国出口货物总额的 88.8%。2019 年，波兰向中国出口的货物中出口额排在前十位的是铜制品，核反应堆、锅炉、电气机械设备及其零件，家具，橡胶制品，除铁路或电车轨道以

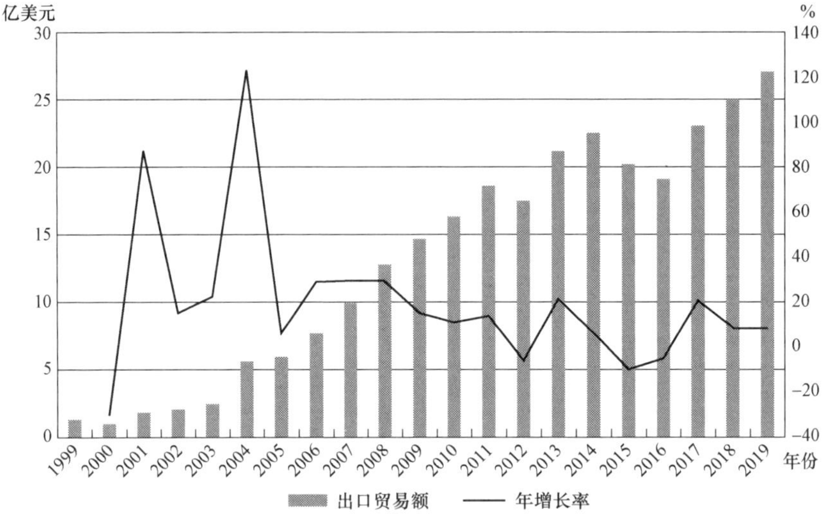


**图 3-10 1999 年—2019 年波兰向中国出口货物贸易额及增长率**

数据来源：wind 数据库。

外的车辆，光学、摄影、医疗或外科仪器，乳制品、品目未列明的可食用动物产品，塑料制品，肉和可食用内脏。上述十类商品占 2019 年波兰向中国出口货物总额的 82.4%。

**表 3-11 2011 年、2019 年波兰向中国出口货物贸易额前十类商品**（单位：亿美元）

| 商品类别 | 2011 年 | 商品类别 | 2019 年 |
|---|---|---|---|
| 铜制品 | 8.294 323 | 铜制品 | 6.616 104 |
| 有机化学品 | 1.953 132 | 核反应堆，锅炉，机械设备 | 5.047 394 |
| 电气机械设备及其零件；录音机和复制器 | 1.925 173 | 电气机械设备及其零件；录音机和复制机； | 3.186 961 |
| 核反应堆，锅炉，机械设备； | 1.751 593 | 家具；床上用品，床垫，床垫支架，垫子和类似的填充家具； | 1.534 324 |
| 家具；床上用品，床垫，床垫支架，垫子和类似的填充家具； | 0.840 625 | 橡胶制品 | 1.420 692 |
| 橡胶制品 | 0.487 802 | 车辆；除铁路或电车机车车辆及其零件以外 | 1.214 654 |
| 塑料制品 | 0.457 085 | 光学，摄影，电影，测量，检查，医疗或外科手术器械及设备 | 0.977 781 |

续表

| 商品类别 | 2011年 | 商品类别 | 2019年 |
|---|---|---|---|
| 车辆；除铁路或电车机车车辆及其零件以外 | 0.336 647 | 乳制品；鸟蛋；天然蜂蜜；其他品目未列名的食用动物产品 | 0.892 38 |
| 乳制品；鸟蛋；天然蜂蜜；其他品目未列名的食用动物产品 | 0.240 707 | 塑料及其制品 | 0.826 421 |
| 光学、摄影、电影、测量、检查、精密医疗或外科仪器及器具 | 0.230 986 | 肉和可食用的内脏 | 0.553 383 |

数据来源：wind 数据库。

（2）货物进口贸易

1999 年—2003 年，波兰从中国的货物进口贸易额低速增长，由 1999 年的 12 亿美元增长到了 2003 年的 28.6 亿美元。2004 年—2008 年，波兰从中国的货物进口贸易额迅速增长，平均年增长率为 42.6%，2008 年的货物进口贸易额为 168 亿美元。2009 年进口贸易额有所下降，2009 年—2019 年，波兰从中国的货物贸易进口额有波动，但总体呈上升趋势，平均年增长率为 6%，2019 年波兰从中国进口的货物贸易额为 304 亿元。

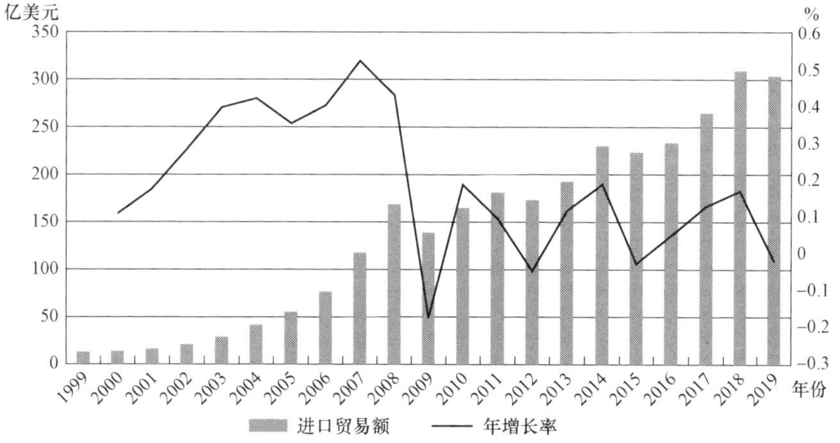


**图 3－11　1999 年—2019 年波兰从中国进口货物贸易额及增长率**

数据来源：wind 数据库。

2011 年，波兰从中国进口的商品中进口额排名前十的有：电气机械设备及其零件等，核反应堆、锅炉、机械设备，非针织或钩编的服装及服饰配件，针织或钩编的服装制品及服装配件，家具等，鞋袜、绑腿等，玩具、游戏及运动用品，钢铁制品，塑料制品，光学、摄影、医疗或外科仪器及器具等，上述十类商品占波兰从中国进口货物总额的76.2%。2019年，波兰从中国进口的商品中进口额排名前十的有：电气机械设备及其零件等，核反应堆、锅炉、机械设备，玩具、游戏及运动用品，家具等，非针织或钩编的服装及服饰配件，光学、摄影、医疗或外科仪器及器具等，针织或钩编的服装制品及服装配件，鞋袜、绑腿等，除铁路或电车机车车辆及其零件以外的车辆，塑料制品，上述十类商品占波兰从中国进口货物总额的76.7%。

**表3-12　　2011年、2019年波兰从中国进口货物贸易额前十类商品**（单位：亿美元）

| 商品类别 | 2011年 | 商品类别 | 2019年 |
|---|---|---|---|
| 电气机械设备及其零件；录音机和复制器，电视影像和录音机以及此类物品的零件和配件 | 54.362 94 | 电气机械设备及其零件；录音机和复制器，电视影像和录音机以及此类物品的零件和配件 | 89.117 76 |
| 核反应堆，锅炉，机械设备 | 38.489 07 | 核反应堆，锅炉，机械设备 | 59.735 |
| 非针织或钩编的服装及服饰配件 | 10.257 38 | 玩具、游戏及运动用品 | 14.053 91 |
| 针织或钩编的服装制品及服装配件 | 7.194 322 | 家具；床上用品，床垫，床垫支架，垫子和类似的填充家具 | 13.801 52 |
| 家具；床上用品，床垫，床垫支架，垫子和类似的填充家具 | 6.065 658 | 非针织或钩编的服装及服饰配件 | 12.278 28 |
| 鞋袜、绑腿等 | 5.062 078 | 光学、摄影、电影、测量、检查、精密、医疗或外科仪器及器具 | 10.609 6 |
| 玩具、游戏及运动用品 | 5.021 851 | 针织或钩编的服装制品及服装配件 | 10.496 21 |
| 钢铁制品 | 3.883 738 | 鞋袜、绑腿等 | 8.590 104 |
| 塑料制品 | 3.840 672 | 车辆；除铁路或电车机车车辆及其零件以外 | 7.442 299 |
| 光学、摄影、电影、测量、检查、精密医疗或外科仪器及器具 | 3.795 482 | 塑料制品 | 7.205 779 |

数据来源：wind数据库。

2. 服务贸易

2004年—2018年，波兰与中国的服务贸易常年处于逆差状态，逆差值有小幅波动，平均逆差额为1亿美元。

（1）服务出口贸易

2004 年—2018 年，波兰向中国出口服务的规模逐年扩大，由 2004 年的 0.08 亿美元扩大到 2018 年的 4.6 亿美元，平均年增长率为 43.4%，增长率高，但贸易规模较小。

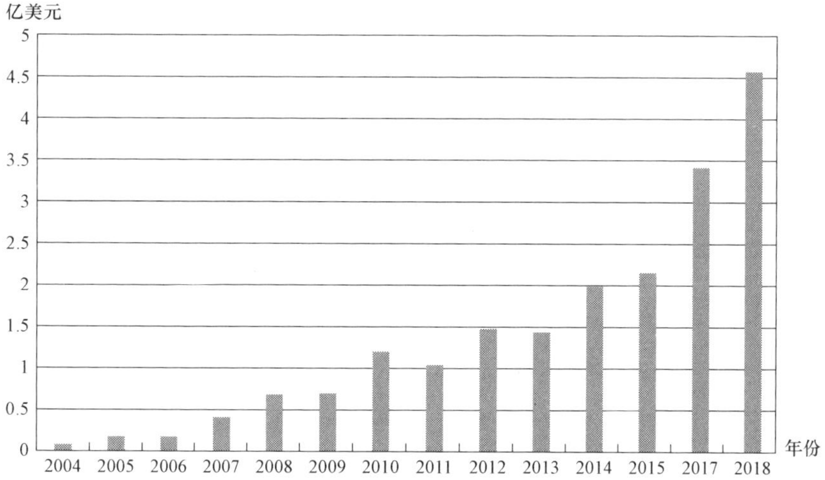


**图 3－12　2004 年—2018 年波兰向中国出口服务贸易额**

数据来源：wind 数据库。

2008 年，波兰向中国出口的服务主要为运输服务、旅行服务和其他商业服务；这三类服务占波兰向中国出口服务贸易的 97%，其中运输服务占 43.7%。2018 年，波兰向中国出口的服务仍以运输、旅行和其他商业服务为主；这三类服务占波兰向中国出口服务的 82.6%，其中运输服务占 40.9%

**表 3－13　2008、2018 年波兰向中国出口各类服务贸易额**（单位：亿美元）

| 服务类别 | 2008 年 | 服务类别 | 2018 年 |
|---|---|---|---|
| 运输 | 0.301 15 | 运输 | 1.840 222 |
| 旅行 | 0.210 021 | 旅行 | 1.249 65 |
| 其他商业服务 | 0.158 501 | 其他商业服务 | 0.623 644 |
| 建筑服务 | 0.007 919 | 通信服务 | 0.479 544 |
| 通信服务 | 0.003 966 | 特许使用费和许可费 | 0.146 462 |
| 个人文化和娱乐服务 | 0.003 966 | 计算机和信息服务 | 0.111 028 |
| 别处未包括的政府服务 | 0.003 966 | 金融服务 | 0.022 442 |

（2）服务进口贸易

2004 年—2018 年，波兰从中国进口服务的规模逐年扩大，由 2004 年的 0.4 亿美元扩大到 2018 年的 6 亿美元，平均年增长率为 29.7%。

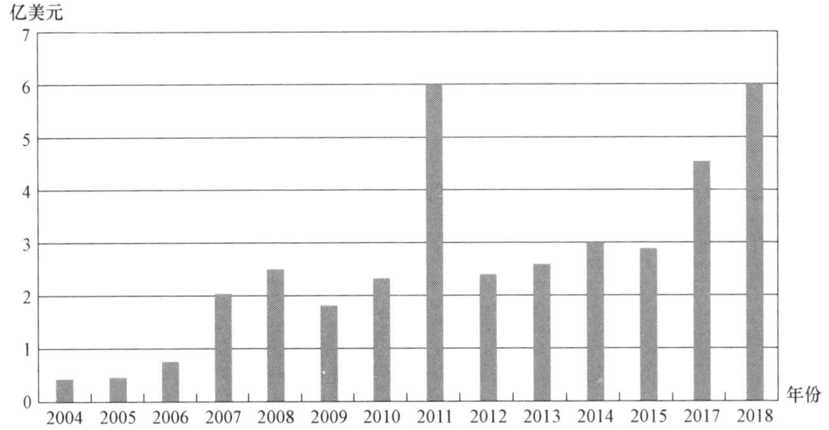


**图 3－13　2004 年—2018 年波兰从中国进口服务贸易额**

数据来源：wind 数据库。

2008 年，波兰从中国进口的主要服务有运输、旅行和其他商业服务；这三类服务占波兰从中国进口贸易总额的 92.7%，其中运输服务占比高达 73.2%。2018 年，波兰从中国进口的主要服务为运输、其他商业服务、特许使用费和许可费；这三类服务占波兰从中国进口贸易总额的 94%，其中运输服务占比高达 72.7%。

**表 3－14　2008、2018 年波兰从中国进口各类服务贸易额**（单位：亿美元）

| 服务类别 | 2008 年 | 服务类别 | 2018 年 |
|---|---|---|---|
| 运输 | 1.818 827 | 运输服务 | 4.328 893 |
| 旅行 | 0.293 231 | 其他商业服务 | 0.986 255 |
| 其他商业服务 | 0.190 204 | 特许使用费和许可费 | 0.277 569 |
| 金融服务 | 0.095 109 | 旅行 | 0.218 512 |
| 别处未包括的政府服务 | 0.043 588 | 计算机和信息服务 | 0.072 05 |
| 建筑服务 | 0.015 851 | 通信服务 | 0.049 608 |
| 通信服务 | 0.011 885 | 保险服务 | 0.005 906 |
| 保险服务 | 0.003 966 | 金融服务 | 0.005 906 |
| 计算机和信息服务 | 0.003 966 | 个人文化和娱乐服务 | 0.005 906 |

数据来源：wind 数据库。

# 3.2 贸易法规体系

波兰主管贸易的政府部门是企业与技术部。其与贸易相关的职能包括：制定与外国经济合作的目标；根据欧盟与第三国贸易政策的规定，特别是在欧盟共同商业政策框架下，与国际经济组织开展合作；促进波兰经济发展，包括支持出口和对外投资、吸引外国直接投资；控制涉及国家安全的战略性商品、技术和服务的贸易；管理商品和服务贸易及技术进出口事宜。

1990 年起，波兰取消垄断性外贸经营的管理体制，所有经济实体享有经营对外经济贸易的同等权利，除少数商品受许可证、配额等限制外，其余商品均放开经营。

2004 年 5 月 1 日，波兰成为欧盟成员国，与欧盟其他成员国的贸易遵循欧盟内部统一大市场原则。波兰与非欧盟国家（第三国）的贸易适用欧盟共同政策措施和手段，如共同贸易、共同关税表等。欧盟与第三国签订的国际贸易协议直接适用于波兰。共同贸易政策的制定和执行在共同体进行。欧盟理事会或欧委会通过直接适用的条例确定贸易手段，欧盟委员会负责政策执行以及进行反倾销、反补贴和保障措施调查。波兰政府主要负责发放进出口许可，以及因经济以外的原因，如保护人类和动物的健康，规定进出口的限制。

## 3.2.1 统一关税政策

统一关税政策又称为关税同盟，是欧盟的支柱政策之一，也是欧盟经济一体化进程中的起点。《建立欧洲经济共同体条约》第 9 条规定，共同体以关税同盟为基础。欧盟的统一关税政策是实行统一的对外差别关税，根据不同的贸易伙伴课征不同的税率。欧盟统一关税政策分为内部机制和外部机制。

1. 统一关税的内部机制

（1）取消成员国之间的关税。欧盟成员国必须撤销对伙伴国的关税障碍，并且欧盟禁止成员国之间设置新的进出口关税或有同等效力的其他捐税，禁止在相互贸易中恢复和提高已削减的关税。同时，欧盟规定在本区域内流通的商品（包括在成员国之间流通的第三国产品，但成员国申请保留的产品除外）享受非歧视待遇，对不遵守条约义务的成员国，执行委员会和其他成员国都有权向欧洲法院提出申诉。

（2）禁止具有和关税同等效力的各种捐税。和关税同等效力的捐税是指，不对国内产品征收，转对成员国产品进行出口征收的，不论采取什么方式和叫什么名称的一种税，目的是使进口品价格提高，如进口营业税、进口包装税等。

（3）取消成员国之间的数量限制。欧盟内部工业制成品的限额已全部取消，但对食品和农产品的流通存在部分数额限制。

（4）禁止与数量限制同等效力的措施。与数量限制同等效力的措施是指任何直接或间接实施或有可能阻碍欧盟内贸易的国家措施。

2. 统一关税的外部机制

（1）普通税率

普通税率又称为自主税率，是欧盟对进口商品所征收的最高税率。然而在实际的执行中，此关税税率仅具有“威慑”作用，很少使用。因为欧盟大部分外贸都是按优惠税率执行的。

（2）优惠税率

欧盟针对不同的国家和地区设置了差异化的优惠税率，以达到其自身的政治和经济目的，具体如下：

① 最惠国待遇税率。欧盟在此执行的是关贸总协定的规定，但此类关税不仅适用于总协定的缔约方，也适用于与欧盟签订贸易协定的相互给予最惠国待遇的非总协定缔约方国家。这实际上是使用最为广泛的普通关税，无论是发达国家、发展中国家，只要与欧盟有互惠关系，都可享受这一税率。因此，欧盟的最惠国待遇体现的是平等互利的原则，而不是优惠待遇原则。

② 普遍优惠制税率。自 1971 年，欧盟对发展中国家产品进入其市场实行普惠制优惠。现行普惠制方案从 2005 年 7 月 1 日起执行，其宗旨是致力于统一和简化相关管理，强化劳工、社会和环境标准，有效打击走私和贩毒行为，对最不发达国家采取特别优惠。具体为：发达国家对于发展中国家或地区输入发达国家的商品，尤其是半成品和制成品，给予普遍的、非互惠的和非歧视的优惠关税待遇，这是对所有发展中国家的一种优惠税率。欧盟是第一个响应并实施普惠制的发达经济体。目前，欧盟普惠制优惠覆盖 143 个国家和 36 个地区，给予的国家范围较为广泛，但在减税幅度和给惠商品范围方面却更注重自身利益，尚未完全贯彻普惠制的宗旨。中国曾经是欧盟普惠制最大受惠国。欧盟普惠制将进口产品分为非敏感产品和敏感产品两类，其中大部分工业品属于非敏感产品，绝大多数农产品属于敏感产品。工业品中的敏感产品主要包括服装、纺织品、鞋类、地毯。在普惠制框架下，受惠国非敏感产品享受免关税，敏感产品享受低于欧盟从量税 30% 的优惠准入、或低于正常关税 3.5 个百分点，但涉及普惠制第 50—63 章的产品（主要是服装和纺织品）关税优惠为 20%。此外，欧盟普惠制还规定了毕业标准。当

某些受惠国或其某行业达到毕业标准，该国产品或该类产品不再享受普惠制待遇。

③ 协定税率。该税率适用于欧盟签订自由贸易协议的欧洲自由贸易联盟（EFTA）国家。双方自 1977 年 7 月 1 日开始工业品自由流通。随着越来越多的 EFTA 国家加入欧盟，协定税率将逐步取消。

④ 特惠税率。这是欧盟最优惠的税率，主要用于洛美协定国家和欧洲自由联盟国家以及地中海地区的部分发展中国家。根据洛美协定有关特惠税的规定，欧盟成员国将在不限量、免税的条件下接受上述国家中 96%农产品和全部工业品的进口。

## 3.2.2 贸易保护措施

1. 关税措施

在关税措施中，除欧盟设置的常规税率外，还包括关税配额、关税上限，以及全部或部分关税的暂停。

关税配额是指一定数量的商品可在配额期内以优惠税率进口，通过商品 CN 代码可查询该商品是否属配额商品。关税上限是一种灵活的配额形式，在关税上限之下，当进口数额超过可享受优惠税率的数额时，并不自动终止优惠税率。当税额超过关税上限时，超过部分适用常规税率。关税上限由海关部门管理。全部或部分关税的暂停并不对可享受优惠税率的进口商品数量和价值进行设定。自暂停之日起，自动以优惠税率计算。

2. 非关税措施

波兰适用共同体非关税措施，包括反倾销、反补贴、保障措施、数量限制和进出口禁令。欧盟法律允许成员国为保护社会公德和安全、人的健康和生命、动植物、具有艺术历史或考古价值的国家宝藏或者保护商业和知识产权，在进出口和过境时使用禁令、限制或监管手段，但措施不能构成歧视或变相限制。

（1）反倾销和反补贴

欧洲议会及部长理事会于 2017 年 10 月通过了反倾销及反补贴修正草案，于 2017 年底生效。修正草案要点包括：不再以“非市场经济国家清单”作为反倾销或反补贴调查过程中有关税率计算的指导原则，而改为通过新建立若干“标准”参考指标方式，判定出口国特定产业部门是否存在市场扭曲情形，以及强调各国劳工及环保是否合乎国际劳工组织及多边环境公约，并强调在不违反 WTO 规范下，将视各 WTO 成员是否存在政府政策导致产能过剩情形。

（2）数量限制

配额管理属于欧盟权限，波兰行政机关的任务是从欧盟委员会获得配额信息后发放进口许可证。进口商可以通过欧盟委员会和成员国颁发进口许可证的部门获得数量配额使用情况信息。

（3）进出口禁令

根据欧盟第 952/2013 号条例（联邦海关法规），出于以下原因可对进口、出口或过境货物实施禁止或限制：

① 公共道德、公共政策或公共安全。

② 保护人类、动物或植物的健康和生命。

③ 保护环境。

④ 保护具有艺术、历史或考古价值的国宝。

⑤ 保护工业和商业产权。

自 2008 年 12 月 31 日起，欧盟禁止猫、狗皮及其制品的进出口和市场交易。根据波兰国内法（部长会议法令），波兰禁止从第三国进口某些种类海豹幼仔的皮革及其制品，禁止进出口石棉及其制品。

（4）进出口商品检验检疫

波兰对各类动植物产品的进口有检疫要求，要求对进口产品的特征及进口商的相关信息进行检查。

① 农产品和食品管理

除执行欧盟农产品安全方面的相关法律法规外，波兰还执行《食品卫生和营养法》，这是波兰农产品及食品领域的主要法律，该法规定了农产品和食品生产加工运输全过程的安全卫生、产品营养质量等有关要求以及监管处罚条款，宗旨是保护公众消费者健康。目前，负责国内农产品和食品安全管理的主要职能部门为农业与农村发展部及卫生部，两部门间的合作与信息交换按照双方合作协议的分工进行。农产品及食品进出口商在进口/出口农产品、食品前须向波兰农业与农村发展部下属的国家农业支持中心申请许可证后方可开展贸易。

② 动物检疫

根据波兰动物检疫规定，活动物、鲜冻肉及肉罐头等进口商应向农业部兽医检疫总局申请动物检疫许可证。商品入境时由驻口岸的动物检疫员查验产地国签发的动物检疫证和波兰农业部签发的检疫许可证。波兰进口动物及产品的来源地、产品类别与欧盟相同。对波兰出口的肉类及制品应来自获得向欧盟或美国出口许可权的企业，或根据双边协议经波兰农业部检疫人员实地调查认可的企业。

③ 植物检疫

波兰农业与农村发展部下属的国家植物卫生与种子检疫总局负责植物检疫工

作。进口植物及植物产品应在波兰的边境口岸接受驻口岸的植检人员检查，并出示产品原产国有关机构签发的植物检疫证书。烘干的咖啡豆、茶叶、可可粉、植物调料、原装草药、冷冻果蔬、10千克以下欧洲出产的鲜果蔬菜无需进行植物检疫。禁止入境的植物、植物产品及有害生物目录由农业与农村发展部部长发布。

（5）中波进出口检验检疫协定

1994年9月22日，中国和波兰签订《植物检疫协定》，目前仍有效。

2007年1月，中国和波兰规范并确认了“波兰输华猪/羊肠衣兽医卫生证书”。

2007年3月，中国国家质量监督检验检疫总局与波兰农业和农村发展部签订《波对华出口乳制品检疫和兽医卫生条件议定书》。

2007年5月，中国国家质量监督检验检疫总局与波兰农业和农村发展部签订《波对华出口禽肉检疫和兽医卫生条件议定书》。

2010年5月，中国国家质量监督检验检疫总局与波兰农业和农村发展部签署《波猪肉输华检验检疫和兽医卫生条件议定书》。

2014年11月，中国国家质量监督检验检疫总局与波兰农业和农村发展部签署《波兰生牛羊皮输华检验检疫和兽医卫生条件议定书》。

2014年11月，中国国家质量监督检验检疫总局与波兰农业和农村发展部确认“输华水产品检验检疫证书”。

2015年5月，中国国家质量监督检验检疫总局与波兰农业和农村发展部签署《关于从波兰输入牛皮、绵羊皮和山羊皮的检疫和兽医卫生条件议定书》。

2016年6月，中国质量监督检验检疫总局和波兰共和国农业和农村发展部签订《关于波兰苹果输华植物检疫要求议定书》《关于从波兰输入禽、日龄禽及种蛋（蛋、种和肉鸡）的检疫和卫生要求议定书》。

2018年7月，中国海关总署与波兰农业和农村发展部签署《关于波兰冷冻禽肉输华检验检疫和兽医卫生要求议定书》《关于波兰鲑鳟鱼卵输华检疫和卫生条件议定书》《关于中国从波兰输入马的检疫和卫生要求议定书》。

## 3.3 出口管理制度

波兰目前执行欧洲议会于2015年3月11日通过并于当年4月16日生效的2015年第479号规范。该规范规定，需要为欧盟的出口制定统一规则，基本商业政策应该以统一规则为基础。所有成员国的出口几乎完全自由化，即对第三国的出口不受任何数量限制，但须符合条例规定的例外情况，且不影响成员国根据本条约可能采取的措施。如果某一成员国认为可能有必要采取保护措施，则应通知委员会。同时，必须在联盟级别对出口条件、出口趋势、经济和商业情况的各个方面以及要采取的措施进行审查。欧盟应对某些出口实施监督，或应采取临时保护措施，以防止意外做法，应在适当考虑到现有国际义务的情况下，采取符合欧盟利益所必需的保护措施。

### 3.3.1 基本原则

欧盟向第三国出口应遵循自由原则，即不受任何数量限制，但依照本规范实施的限制除外。

### 3.3.2 欧盟信息和咨询程序

1. 若因市场上的任何不正常发展，一个成员国认为可能有必要采取第三章含义内的保护措施，它应通知欧洲委员会，委员会应通知其他成员国。

2. 为了评估某一产品的经济和商业情况，委员会可请成员国提供关于该产品的市场趋势的统计数据。根据其国家立法和委员会规定的程序，对这类产品的出口进行监督。成员国应采取一切必要步骤，以落实委员会的要求，并应将所要求的数据转交委员会，委员会应通知其他成员国。

### 3.3.3 保障措施

1. 为防止因基本产品短缺而出现危急情况或为补救这种情况，以及当欧盟需要立即干预时，欧洲委员会可应成员国要求可自行采取行动，并考虑到产品的性质和有关交易的其他特点，做出出口产品的决定，但须取得出口许可证，此种许可应以委员会根据审查程序或在紧急情况下根据条款规定为限。

2. 应将采取的措施通知欧洲议会、理事会和成员国，这些措施将立即生效。

3. 措施仅限于对某些国家或欧盟某些地区的出口，不得影响已经运往欧盟边境的产品。

4. 如因欧盟利益需要，欧洲委员会可根据条例所述的审查程序采取适当措施：

（1）防止因必需产品短缺而出现危急情况，或采取补救措施。

（2）允许欧盟或所有成员国所做的国际承诺得以履行，特别是与初级产品贸易有关的承诺。

5. 对出口实行数量限制时，应特别考虑：

（1）在保护措施生效之前，根据正常条款和条件缔结的合同而出口的货物数量，并由有关成员国按照其国家法律通知委员会。

（2）避免影响实施数量限制所追求的目标。

## 3.4 进口管理制度

波兰目前执行欧洲议会于2015年3月11日通过的478号规范。该规范规定，共同的商业政策应以统一的原则为基础。成员国应将进口可能造成的任何危害告知委员会，以便欧盟监督或实施保障措施。欧洲委员会应审查进口条件、进口趋势、经济和贸易状况的各个方面，并酌情审查应采取的措施。如果采用事先的欧盟监督，则应在提交符合统一标准的监督文件的前提下，放行相关产品，使其自由流通。经进口商简单申请，该文件应由成员国当局在一定期限内签发，但文件仅在进口规则保持不变的期限内有效。只有当有关产品以大幅度增加的数量或条件进口到欧盟，从而对同类产品或直接竞争产品的欧盟生产商造成或可能造成严重损害时，才可考虑对世贸组织成员国采取保障措施。当配额在供应国之间分配时，每个国家的配额可通过与这些国家本身达成的协议来确定，或以一个代表时期内的进口水平作为参考。为了统一进口规则，无论货物在何处结关，进口商办理的手续应简单一致。

### 3.4.1 欧盟调查程序

1. 调查应设法确定有关产品的进口是否正在或者可能对有关欧盟生产商造成严重损害或严重损害威胁。“严重损害”是指欧盟生产商地位受到重大整体损害；“严重损害威胁”是指迫在眉睫的严重损害；“欧盟生产商”是指在欧盟领土内经营的同类产品或直接竞争产品的整体生产商，或其同类产品或直接竞争产品的集体产量占这些产品总产量的主要比例的生产商。

2. 以下情况采取临时保障措施：关键时刻延误会造成难以修复的损害，需要立即采取措施时；初步裁定时有证据表明进口增加已经造成或者可能造成严重损害的。此类措施的期限不超过200天。

3. 审查应特别包括以下因素：进口量、进口商品的价格、某些经济因素的趋势（生产、产能利用率、股票、市场份额、现金流、就业等）。

### 3.4.2 保障措施

1. 如果一种产品以增加的数量和/或按照对欧盟生产商造成威胁或严重损害

的条款进口到欧盟，欧洲委员会可应成员国的请求可主动采取行动，以维护欧盟利益。

2. 在供应国之间分配配额时，可与对进口有实质利益的国家商定分配，或者按照供应国在前一个代表期内对有关产品的进口额进行分配。

3. 只要原产于世界贸易组织发展中国家成员的产品在欧盟进口中所占份额不超过3%，则不得对该产品实施任何保障措施，前提是进口份额低于3%的世界贸易组织发展中国家成员合计占欧盟总进口额的9%以下。

## 3.5 海关管理制度

2017年3月1日，波兰国家税务总局（National Revenue Administration）正式运作，该局整合了税收、海关、财政管理职能，波兰财政部国务秘书兼任该局局长。波兰海关法体系由直接适用的欧盟法律和本国的《海关法》及其配套法规构成。海关监管和海关机构设置由《海关服务法》规范。《共同体海关法典》是欧盟海关法领域的基本法，各国法律是对共同体法典的补充和细化。

自2004年5月1日起，商品可通过波兰的海空边境口岸以及与白俄罗斯、乌克兰和俄罗斯（加里宁地区）接壤的陆地边境口岸直接进入欧盟关税区。波兰与立陶宛、斯洛伐克、捷克以及德国的边检已被取消。

进入波兰（欧盟）关税区的商品处于海关监管之下。除有关规定中提到的特殊情况外，进口货物均须在某海关部门，或海关部门允许或指定的其他地点报关，需办理海关手续的货物必须申报。于2004年4月22日颁布的《财政部长令》对海关申报具体要求做出了规定。

波兰适用欧盟共同海关税制。税率表包括协议税率，适用于世界贸易组织成员或与欧盟签订最惠国协议的国家。部分产品（主要是食品）在税率表中采用自主关税，不受最惠国待遇和世界贸易组织义务约束。可通过欧盟委员会网站查询具体产品适用税率。

欧盟给予发展中国家单向的关税优惠政策，包括对非洲、加勒比海和太平洋国家协议关税和普惠制（GSP），以及在自由贸易区协议框架下互惠安排（如EFTA国家、墨西哥、智利、南非）。

普惠制的目的是根据“贸易促进发展”精神，向发展中国家和最不发达国家提供优惠，旨在支持发展中国家和最贫穷国家摆脱贫困，促进可持续发展。欧盟自1971年起实施普惠制。普惠制由三个层次的优惠安排组成，分别是一般解决方案（适用于发展中国家，目前受益国家和地区超过90个）和两个更深层次的特殊优惠安排，包括可持续发展和良好治理特殊激励安排（又称GSP+）和为最不发达国家（EBA）提供的优惠安排。

自2014年1月1日起，普惠制适用依据为欧洲议会和理事会第978/2012号条例，其中列明了普惠制受益国家和地区清单、非欧盟国家个别优惠安排以及普惠制产品范围等信息。

# 第4章 波兰投资环境

## 4.1 投资概况

### 4.1.1 投资成本分析

1. 水、电、气、油价格

波兰电费因不同运营商收费而有所差异。2018年5月平均电价0.55PLN/kWh。波兰天然气价格因供应商不同其收费也不同，基本为1.2～1.3兹罗提/立方米，加上传输费、订购等费用最终成本可能高于2兹罗提/立方米。波兰水费根据地区不同而收费不同，可收集到的数据表明，波德拉谢省价格较低（7.18兹罗提/立方米），最贵的是小波兰省和圣十字省（12.77兹罗提/立方米），华沙的价格为11.47兹罗提/立方米。

2. 劳动力供求及工薪

（1）劳动力供求

根据波兰统计局的数据，2018年3月，波兰注册失业率为6.6%。另据欧洲统计局数据，波兰2018年3月的失业率为4.4%，欧盟28国[①]失业率为7.1%，在失业率最低的国家中，波兰排名第七，环比保持稳定，同比下降了0.7%（从5.1%）。2018年4月，企业部门的平均就业人数同比增长3.7%，达到621.23万，平均月

① 此时英国未脱欧，故欧盟仍拥有28个成员国。

薪（毛额）同比增长 7.8%，达 4 840.44 兹罗提。

（2）劳动力成本

根据波兰统计局数据，2017 年，波兰平均月薪约为 4 271.51 兹罗提，较上年增加 5.54%。

（3）最低工资标准

2018 年 1 月 1 日起，波兰最低月工资标准调整为 2 100 兹罗提，最低时薪调整为 13.7 兹罗提。

**表 4－1　　　　波兰工资标准**

| | 最低工资 | | 平均工资 | |
|---|---|---|---|---|
| | 单位（欧元） | 占比（%） | 单位（欧元） | 占比（%） |
| 总工资成本 | 562 | 121 | 1 203 | 121 |
| 社会缴纳税 | 96 | 21 | 209 | 21 |
| 税前工资 | 466 | 100 | 994 | 100 |
| 个人所得税 | 26 | 6 | 70 | 7 |
| 员工贡献 | 100 | 21 | 209 | 21 |
| 净工资 | 340 | 73 | 706 | 71 |

数据来源：wind 数据库。

（4）外籍劳务需求

近年，波兰本国劳动力大量流入西欧发达国家，导致在农业、食品业的季节工作以及建筑业等方面劳动力短缺，对外籍劳务的需求有所增加。2017 年，波兰发放外国人工作许可证的数量为 267 136 份，其中乌克兰 216 048 份，占绝大多数，白俄罗斯 11 813 份，尼泊尔 9 732 份，中国为 1 242 份。在波兰工程建设市场上从事劳务的人员，必须取得当地有关部门发放的资格证书，致使中国承包企业难以使用中国籍员工。

3. 土地及房屋价格

（1）土地价格

2017 年四季度，马佐夫舍省和华沙地区的土地价格每平方米分别为 15 331 兹罗提和 67 543 兹罗提。

（2） 办公楼售价和租金（以华沙为例）

具体见表4－2：

**表4－2　　华沙部分地段办公楼租金**（2017年4月）

| 地段 | 面积（平方米） | 每平方米（兹罗提/月） | 总价（兹罗提/月） |
|---|---|---|---|
| Mokotów | 133 | 36.84 | 4 900 |
| Wola | 111 | 78.38 | 8 700 |
| Śródmieście | 317 | 56.78 | 18 000 |
| Ochota | 180 | 55.56 | 10 000 |

数据来源：www.miller-fukuda.com。

（3） 房屋售价和租金（以华沙为例）

华沙房屋售价和租金情况详见表4－3、表4－4。

**表4－3　2018年5月华沙住宅平均售价**（2018年5月）（单位：兹罗提/平方米）

| 地段 | 价格 | 均价 |
|---|---|---|
| 市中心 | 4 400～12 000 | 7 547.32 |
| 市中心以外 | 3 500～7 300 | 5 368.73 |

数据来源：www.numbeo.com/cost-of-living/country_result.jsp？country＝Poland。

**表4－4　　华沙住宅租价**（2018年5月）（单位：兹罗提/月）

| 地段 | 房型 | 价格 | 均价 |
|---|---|---|---|
| 市中心 | 一居室 | 1 200～1 500 | 1 801.95 |
| 市中心以外 | 一居室 | 880～1 000 | 1 379.95 |
| 市中心 | 三居室 | 1 700～4 500 | 2 960.59 |
| 市中心以外 | 三居室 | 1 450～3 000 | 2 220.59 |

数据来源：www.numbeo.com/cost-of-living/country_result.jsp？country＝Poland。

4. 建筑成本

主要建材价格（以华沙为例）

表 4－5　　华沙主要建材价格（2018 年 3 月）

| 名称 | 单位 | 增值税税率（%） | 价格（兹罗提） |
|---|---|---|---|
| 沥青 35/50 | 吨 | 23 | 1 507 |
| 沥青 50/70 | 吨 | 23 | 1 507 |
| 钢筋混凝土桁架 Teriva-TERIVAII | 米 | 23 | 15.60 |
| 钢筋混凝土桁架 Teriva-TERIVAII | 个 | 23 | 52.35 |
| 混凝土 B20 | 立方米 | 23 | 209.12 |
| 混凝土 B25 | 立方米 | 23 | 221.44 |
| 混凝土 B30 | 立方米 | 23 | 235.55 |
| 混凝土 B35 | 立方米 | 23 | 262.35 |
| 建筑用砖 | 个 | 23 | 0.95 |
| 水泥 | 吨 | 23 | 427.99 |
| 普通砂 0～2 毫米 | 立方米 | 23 | 23.06 |
| 刨花板 | 平方米 | 23 | 11.29 |
| 钢板 | 千克 | 23 | 2.65 |
| 矿棉 150 毫米 | 平方米 | 23 | 17.15 |

数据来源：中国驻波兰大使馆经商参处。

## 4.1.2 波兰营商环境

1. 各方评价

（1）世界银行评价

根据世界银行发布的《2020 年营商环境报告》，波兰在全球 190 个经济体中排名第 40 位，比 2019 年下降 7 位，在欧盟国家中位居第 14 名。各细项排名分别为：开办企业（128）、办理施工许可证（39）、获得电力（60）、登记财产（92）、获得信贷（37）、保护少数投资者（51）、纳税（77）、跨境贸易（1）、执行合同（55）、办理破产（25）。

细分排名中，开办企业排名最低。表 4－6 列举了部分中东欧国家开办企业相关数据，其中波兰开办企业的人均耗时为 37 天，开办企业人均成本占人均收入的

11.6%，两项数据在表 2－1 所列的中东欧国家中均位列第一。

表 4－6　　部分中东欧国家开办企业情况

| 经济体 | 开办企业世界排名 | 开办企业人均耗时（天数） | 开办企业成本（人均收入百分比%） | 最低实缴资本（人均收入百分比%） |
|---|---|---|---|---|
| 奥地利 | 127 | 21 | 4.7 | 11.5 |
| 斯洛伐克 | 118 | 21.5 | 1.0 | 15.4 |
| 爱沙尼亚 | 14 | 3.5 | 1.0 | 13.1 |
| 立陶宛 | 34 | 5.5 | 0.5 | 16.0 |
| 波兰 | 128 | 37 | 11.6 | 9.3 |
| 斯洛文尼亚 | 41 | 8 | 0.0 | 34.3 |
| 克罗地亚 | 114 | 19.5 | 6.2 | 5.5 |
| 乌克兰 | 61 | 6.5 | 0.5 | 0.0 |
| 罗马尼亚 | 91 | 20 | 0.3 | 0.4 |
| 阿尔巴尼亚 | 53 | 4.5 | 10.8 | 0.0 |
| 拉脱维亚 | 26 | 5.5 | 1.5 | 0.0 |
| 保加利亚 | 113 | 23 | 1.0 | 0.0 |
| 北马其顿 | 78 | 15 | 3.1 | 0.0 |
| 塞尔维亚 | 73 | 7 | 2.3 | 0.0 |

数据来源：世界银行《2020 营商环境报告》。

（2）世界经济论坛评价

根据世界经济论坛发布的《2019 年全球竞争力报告》，2019 年，波兰综合得分 68.9，全球排名第 37 位，与 2018 年排名相同。各细项排名分别为：法律和行政架构（60）、基础设施（25）、宏观经济环境（1）、健康和基础教育（54）、高等教育和培训（34）、商品市场效率（50）、劳动力市场效率（70）、金融市场发展（57）、技术就绪程度（51）、市场规模（22）、商业成熟度（59）和创新（39）。

（3）其他评价

联合国贸易和发展会议（UNCTAD）发布的《2019 年世界投资报告》称，波兰通过经济特区机制及财政刺激计划有效保护了投资者权益，提高了投资热情。

根据《金融时报》旗下的外国投资分析部门 FDI Markets 发布的“2019 FDI Report”，波兰在外商直接投资项目总价值方面位列欧洲第五，仅次于英国、西班牙、俄国和土耳其。

根据 2019 年安永公司发布的报告，波兰被评为“欧洲最具吸引力外商投资地”第六名。

2. 波兰优化营商环境的举措

（1）简化审批环节

近年来，波兰不断简化审批环节。2017 年，政府取消了新公司需在国家劳动监察机构和国家卫生监察机构注册的要求。2018 年，政府取消了对建筑工地土工技术文件描述的要求，简化了办理施工许可证的流程。

（2）打造创新孵化器

波兰通过打造孵化器，为创新型初创企业提供发展空间。孵化器主要有三种模式：第一种模式是银行支持的孵化器，将创新项目与银行所提供的客户资源相结合，为初创企业提供良好的资金支持及客户群体；第二种模式是依托经济特区建设的创新产业群，整合创新服务和尖端技术，通过集聚效应降低创业风险及成本；第三种模式是企业投资、市场运营的孵化器，为初创企业提供充满创新氛围的工作环境及必要的技术支持。

（3）强化投资贸易服务

为了改善引资条件、优化营商环境，2017 年，波兰政府将波兰信息与外国投资局改组为波兰投资与贸易局（PAIH），为在波兰投资者提供服务，并支持波兰企业海外投资，促进出口。除更名外，新机构职能更侧重于协助企业实现商业目标。2018 年，该局共协助外国投资项目 60 个，总额达 18 亿欧元。

### 4.1.3 波兰吸引外资的比较优势

据波兰储备银行统计，英国、美国、荷兰、比利时、卢森堡、德国、瑞士和中国是主要投资来源地。波兰外资存量的 63.3%来自欧洲，近 20%来自美洲。英国是累计对波兰直接投资最多的国家，占五分之二左右。

外资以证券资本为主，外商直接投资较少。波兰吸引外国直接投资较多的行业主要包括：电信和信息技术、采矿、化工、食品、饮料、烟草、汽车和零配件、塑料橡胶制品、餐饮、休闲和博彩、金属制品和其他制造业部门。

1. 波兰的投资吸引力

波兰对外国投资者的吸引力体现在以下几个方面：国内生产总值一直在增长（2017 年的增长率是 4.6%）；国内市场的规模（波兰有 3 800 万潜在消费者，是欧洲最大的市场之一）；地处欧洲主要运输路线交汇处的中心位置，货物可以很方便地从波兰运往欧洲所有其他市场上的国内和国际供应商。

波兰拥有受过良好教育的经济学家、工程师、信息技术专家和科学家，他们在 IT 公司、研发中心和科研院所都炙手可热、倍受欢迎。每年从波兰大学毕业的学生人数都在增加，还包括对高科技产业非常有帮助的教职员。

此外，波兰的土地价格相对便宜，并且拥有不少产业，这非常有利于构建企业间的电子商务模式。一些投资者还很看重波兰政府支持，这对于她们决定在波兰投资起了极其重要的中用。

新的投资项目重点聚焦在现代服务行业，比如业务外包服务、共享服务中心、信息和电信技术、研发、汽车和航空项目。这些行业都极具发展潜力。

2. 激励政策特别补助

波兰为符合特定标准的外商投资项目给予大力支持。其中一项就是基于“支持对波兰 2011 年—2023 年经济发展具有重大意义的方案”的政府补贴，这一方案在 2011 年 7 月 5 日获得部长会议的通过。在经济部长与投资人签订协议后，政府会以补贴的方式提供支持。协议中规定了支付补助金的条件，它与投资者兑现承诺的程度成正比。

如果公司计划在下列优先考虑的领域进行投资，将会得到以下支持：

- 汽车行业；
- 电子及家用电器行业；
- 航空部门；
- 生物技术领域；
- 食品加工行业；
- 现代服务业；
- 研发。

补贴的金额取决于新提供就业的人数、员工中拥有高学历的比例、所处位置、投资金额、投资领域、国际市场对其产品的吸引力等要素。符合申请补贴的最小投资额是 1.6 亿兹罗提（约 4 400 万美元）。

此外，若投资制造业，如果项目投资至少达 7.5 亿兹罗提，并创造不少于 200 个就业新岗位，或者投资额至少 5 亿兹罗提，并可创造 500 个新就业机会（属于重大投资），还可得到其他的支持。

## 4.2 波兰吸收外资政策法规

目前，在波兰从事经济活动的法律依据主要有：1964 年制定的《民法》、2004 年 7 月 2 日新修订的《经济活动自由法》、2000 年 9 月 15 日新修订的《商业公司法》和 1997 年 8 月 12 日通过的《国家法院注册法》，其中《经济活动自由法》《商业公司法》《国家法院注册法》与企业或个人在波兰注册公司密切相关。《经济活动自由法》倡导经济活动的自由和所有经济主体的平等，自然人、法人以及不具备法人资格的组织机构均可自由从事经济活动，代表处、分公司、单人公司和合伙公司的设立及运行适用于该法。《商业公司法》对在波兰成立、运作和变更有限责任公司和股份公司作了明文规定，企业或个人在波兰设立有限责任公司和股份有限公司时必须以此法为依据。《国家法院注册法》对在国家法院注册公司的注册主体注册形式、注册程序及业务范围划分等做了规定。

### 4.2.1 不动产投资相关规定

波兰《外国人购置房地产法》规定，被认为是外国人的实体购买包括永久用益权在内的房地产，必须事先得到行政和内政部长的批准。任何违反这一义务将使交易无效。然而，自波兰加入欧盟以来，来自欧洲经济区的外国人无需获得此类许可，除非是购买农业或森林土地；在 2016 年 5 月 1 日之前需要获得许可在母国允许互惠权利的地方，外国投资者可以在波兰设立分支机构开展业务。来自欧盟、欧洲经济区和欧洲自由贸易区成员国的外国投资者可以从事与波兰企业相同的商业活动。

波兰法律允许直接投资（如外国实体购买房地产），但在实践中最好设立以下实体之一：股份公司、有限责任公司或投资基金。从理论上讲，也可以通过合伙企业进行投资，但由于与合伙人责任方面有关的不利规定，合伙企业这种实体很少被用于房地产投资。通过专门的投资基金工具进行房地产投资，可以获得有效的税务规划机会，因为适当的结构设计可以使来自租金和房地产销售的收入免除所得税。

### 4.2.2 企业设立相关规定

根据 2018 年 4 月 30 日生效的《企业家法》，波兰允许国内外实体设立和拥有企业，并从事大多数形式的有偿活动。商业活动的形式在《商业公司守则》中有描述，但对少数部门的外国所有权和外国股本设置了限制。波兰法律限制非欧盟公民在航空运输、广播和电视广播、机场和海港运营部门持有公司49%的资本股份。对海港的国防生产和管理的许可证和特许权是根据对经济合作与发展组织（OECD）国家投资者的国民待遇颁发的。

在传媒业，根据波兰《广播法》，外国所有者的投票权不超过49%，而且管理和监督委员会的大多数成员是波兰公民，并在波兰持有永久居留证，电视广播公司才能获得执照。2017年1月，一个由波兰文化和国家遗产部、国家广播委员会和竞争与消费者保护办公室的官员组成的团队成立，目的是审查和加强对大型媒体的限制，并限制外国对媒体的所有权。虽然目前还没有出台相关立法，但人们担心，未来可能出台的提案可能会限制外资拥有媒体行业。

### 4.2.3 双边投资协定与税收条约

波兰的企业所得税率为19%，为全欧盟最低。波兰的增值税体系与欧盟增值税体系同步。波兰还实施了欧盟有关兼并和重组、股利分配、利息和特许权使用费分配的指令。原则上，欧盟内所有符合条件的公司分红免征所得税。然而，波兰并没有对出售股份所获的资本收益免税。2018年，波兰税收制度发生重大变化。主要变化包括：（1）强制披露规则；（2）“预扣税”流程发生重大变化；（3）对一些公司征收9%的企业所得税；（4）鼓励知识产权注册；（5）税务损失核算新规；（6）假设利息会计上的额外成本；（7）对公司和个人征收出境税。一些投资者担心，波兰税务当局并不总是支持可能具有约束力的税务决定，有时还会在税收政策发生逆转后要求补缴税款。投资者报告称，监管力度加大，税务审计力度加大，包括对转移定价的审计。一些投资者表示，双重征税协议并不包括将股票期权作为薪酬方案的一部分。

### 4.2.4 外汇管制相关规定

根据波兰《外汇法》，在波兰注册的外国企业能够在波兰银行开设外汇账户，用于进出口和资本结算。外汇不需要缴纳特别税金。在波兰工作的外国人，其合法收入完税后可全部转往国外，同样，外资企业也可将利润、股本等自由汇出。如果外汇交易金额超过15 000欧元或等值的其他货币，无论居民还是非居民都要通过银行办理。银行要对居民与非居民之间的涉及外汇交易的资金转移进行监管。出入境时，个人携带1万欧元以下外币或与之等值的兹罗提无需申报；若携带外币超过此限，需出示外汇申报单或银行出具的外汇携带证明，否则海关有权予以没收并罚款。从法律角度来说，在波兰经营的企业可以用任何货币开立银行账户。

然而在实践中，波兰的大多数银行往往仅提供以常用货币（欧元、英镑、美元等）开设银行账户的方式。欧盟成员国与波兰之间转移资金不受任何限制。

## 4.2.5 土地获得

波兰 90%的土地归私人所有。根据波兰《外国人购买不动产法》，外国人或企业可在波兰购买私人非农业用地、小于 2 公顷的国有土地和用于非农业用途的国有土地所有权或永久使用权（国有土地在 2016 年—2021 年暂停出售）。外国人购买房地产，必须事先得到内务部的批准，欧盟居民购买除农业及森林用地外的其他房地产无需获得此类许可。外国人或企业从波兰私人购买土地后，则拥有该土地的完整所有权；如通过招投标方式从政府或政府管理的机构购买土地，则只拥有该土地的永久使用权。波兰禁止外国人或外国实体购买位于波兰边境地区的土地。

## 4.2.6 外资政策优惠

在研究和发展领域开展活动的企业家（从事经济特区活动的企业家除外）可从所得税减免中受益。下列与研发工作相关的部分费用可从税基中额外扣除：研发人员工资总额和强制性贡献;与研发活动直接相关的材料和资源成本专业知识、意见、咨询和其他同等服务的费用以及与收购有关的费用科研机构提供或实施的科研成果；使用专门用于研发活动的研发设备的成本研发活动中使用的有形资产和无形资产的折旧冲销。中小企业取得一项发明专利的费用可额外扣除：中小企业全部费用的 50%；大型企业研发人员 50%的工资和强制性贡献；大企业 30%的其他成本。

## 4.2.7 限制和鼓励的行业

从 2005 年 1 月 1 日起，从事下列经济活动须获得特许权：矿藏勘探，矿物开采，在山体中（包括地下矿山巷道内）进行无容器的物质储藏或废料存放，炸药、武器、弹药以及军事和警用产品与技术的制造和经营，燃料和能源的生产、加工、储藏、运送、分拨以及销售，人身和财产的安保，航空运输，广播电视节目传播。上述活动必须获得相关政府主管部门颁发的特许，有效期一般不少于 5 年，不超过 50 年。此外，部分经济活动需满足相应条件并申请许可或执照，如开设银行、保险公司、旅行社、投资基金、养老基金、国内或国际货运（包括客运及货运），从事赌场、彩票、博彩业及在经济特区开设公司等，这些活动由单独法律做出规定，如银行法、投资基金法、关于戒酒和反酗酒法等。还有约 20 种经济活动受特殊管制，需满足相应条件并登记注册，如仓储、电信、制酒、劳动中介等。波兰政府鼓励外商投资的重点领域包括基础设施、能创造新就业机会的工业投资以及新兴行业等：（1）基础设施建设项目，主要是指高速公路建设、公路干线改造、原有铁路现代化改造和通信网络更新换代等；（2）能创造新就业机会的工业项目，包括投资设立新企业以及对现有企业并购和重组；（3）对国有企业的私有化项目，主要包括金融机构、能源、电力、化工、造船、煤矿、冶金、机械、医药、食品等行业；（4）新兴行业，如 IT、商务流程外包行业等；（5）技术创新投资，指高科技人才培养及对大学、研发机构、科技园区、技术创新交流中心、企业家孵化中心和科研基础设施的投资；（6）环保产业，包括为推行欧盟环保标准所需的投资，为提高再生能源比例、节约能源及原料等的投资；（7）对贫困地区和高失业率地区的投资。

# 4.3 波兰税收方面的规定

## 4.3.1 税收制度与法规

为实现与欧盟经济的一体化，波兰的税收体系与西欧日益趋同。目前，已建立了以所得税和增值税为核心的税收体系。除了在地方税上略有差异之外，波兰实行全国统一的税收制度。外国公司和外国人与波兰的法人和自然人一样同等纳税。波兰共有十多种税，包括直接税和间接税。直接税包括个人所得税、公司所得税、遗产与赠与税、民法交易税、农业税、森林税、房地产税、交通工具税、养犬税、银行税、零售业流转税等，间接税包括增值税和消费税、博彩税。

波兰实行属地税法，根据企业在全球范围内的收入对其征收所得税。公司在波兰注册或其管理机构位于波兰境内即具有居民地位。外国公司在波兰的子公司视为居民并依据条例征税。对非居民公司的企业所得税征缴仅限于其产生于波兰的全部收入，波兰政府与第三国缔约避免双重税收协定另有规定的除外。对于非居民的专利权收入、利息、股息和资本收入，在绝大多数情况下，即使在波兰境内并无常设机构，波兰政府也可代扣所得税。波兰政府与包括几乎所有发达国家在内的 80 多个国家签订了避免双重征税协定。

外国公司可在波兰建立分公司，分公司具备常设机构职能。外国公司以波兰分公司营业收入为基础按 19%的标准税率缴纳企业所得税，分公司须保留全部数据的账簿。根据避免双重征税协定，在少数情况下，若分公司能够证明其在波兰的业务未达到常设机构地位，可不适用波兰的企业所得税法。

**表 4-7　　波兰税种及税率**

| 税种 | 税率 | 税种 | 税率 |
|---|---|---|---|
| 企业所得税 | 19% | 资本收益税 | 个人所得税 19%，非居民 20% |
| 增值税 | 23% | 双重征税协定 | 中国和波兰之间已经签订避免双重征税协议 |
| 享受优惠增值税待遇的产品 | 个别食品的增值税率 5%或 8% | 地方商业税 | 有地方政府规定并征收，如交通税、森林税等 |

数据来源：wind 数据库。

在波兰，所有的税收都是按照税法征收的，它规定了征税的规则、税率和税种，以及纳税人的责任。财政部可以通过法案授权发布税收法规。所有法律法规都在波兰官方法律期刊 *Dziennik Ustaw* 或者波兰官方杂志 *Monitor Polski* 上发布。《税收条例》是最根本的税收法规，其他相关立法包括企业所得税法、个人所得税法、增值税法、民法交易法（用于资本税和转让税）、地方税法（如不动产税）等。

**表 4-8　　波兰税务监管部门**

| 部门 | 职责 |
|---|---|
| 税务所 | 在其管辖范围内监管收税的单位；该部门还会在纳税案件中发布个人行政管理裁定 |
| 财务审计所 | 执行税收和财务会计程序审计的单位 |
| 税务厅 | 监督税务所，有权审查税务所和财务审计所的行政管理决定 |
| 财政部 | 负责波兰的预算政策，并监督整个税收系统 |
| 地方政府 | 管理地方税收，如不动产税 |

数据来源：波兰金融监管委员会，www.knf.gov.pl。

纳税人可以对地方税务所或财务审计所的决定向税务厅提出上诉。如果对税务厅的裁决不服的，可以直接向地方行政法院提起诉讼。纳税人也有权诉至最高行政法院，对地方行政法院的判决进行审查。

波兰实行两种类型的税收裁定：一般裁定和个别裁定。一般裁定（由财政部发布）是为了确保税收机关适用税法的一致性；一般裁定适用于所有纳税人。个别裁定，只适用于纳税人书面申请的情况，由税务局选定的负责人出具（基于财政部给予的授权）——纳税人必须阐明案件或计划事件的实际情况、问题并在这个问题上陈述个人意见。纳税人可向财政部（实际中，直接向税务局中被选定的、授权的负责人申请）或者地方税收机关（与地方税收有关时）申请个别税务裁定。

在今后税收机关对某个事项有不同看法的情况下，获得税务裁定有助于避免某些负面后果，即财务处罚责任和处罚利息。在税收机关变更裁定之前（可能只在特定情况下：变更从下一结算期开始生效，例如次年的企业所得税），或在法律基本条款改变致使裁定不适用之前，或当案件或计划事件的实际事实（呈现在税收裁决中）发生改变之前，个别税务裁定仍然有效。

## 4.3.2 主要税赋和税率

1. 企业所得税

波兰对内外资企业实行统一的所得税，所有法人和具有法人资格的组织（合伙企业除外）都要按年度缴纳企业所得税。企业所得税标准税率为 19%，对有限纳税义务人，利息收入、版税收入以及无形服务收入所得税为 20%，股息收入所得税率为 19%。此外，波兰对收入不超过 120 万欧元的中小企业的所得税从 19%调低到 15%。2018 年 4 月，波兰总理宣布将对通过审核的中小企业所得税率从 15%下调至 9%。税务年度与日历年度相同，除非公司章程另有规定，并应报告税务局。如果公司在日历年下半年成立并选择日历年为标准税务年度，公司可选择将第一个税务年度延长到 18 个月。允许更改税务年度。波兰允许在某些情况下加速资产折旧。部分新资产使用的第一个税务年度可折旧 30%。无形资产可在 2～5 年内分摊。在经济特区投资的企业可以享受企业所得税减让，减让数额视投资规模和创造就业岗位的数量而定。如果发生经营亏损，法律允许在之后连续 5 个税收年度中进行弥补，但每年弥补额不得超过亏损额的一半。缴税方式为年度预付税金，每月 20 日前，纳税人将年初截至上个月的实际应缴所得税与同期预付税的差额汇至税务局指定账户。次年 3 月底前，纳税人与税务局进行多退少补的结算。税法同时提供简易方法，即纳税人每个月付年初计算税金的 1/12。

波兰个人所得税和企业所得税法律使用避免双重征税的抵免方法，特定的双重税收协定另有规定的除外。波兰已与 91 个国家签署了双重税收协定。波兰签署的大多数协定都是基于 1977 年的经济合作与发展组织模型公约，尽管在一些协定中也有例外的情况。

2. 个人所得税

自 2009 年 1 月 1 日起，个人所得税实行 18%、32%两档税率。

表 4－9　　个人所得税税率

| 个人所得税税基（兹罗提） | | 应付税款 |
|---|---|---|
| 下限 | 上限 | |
| 0 | 85 528 | 税基的 18%－556.02 兹罗提 |
| 85 528 | 以上 | 14 839.02 兹罗提＋超过 85 528 兹罗提部分的 32% |

数据来源：中国驻波兰大使馆经商参处。

红利和参加法人利润分配的其他收入税率统一为 19%。在波兰定居以及居留超过半年的自然人须缴纳个人所得税。居住在国外的收入，若该收入来源于波兰，也要征税。个人所得税缴纳方式为月度预付制，次月 20 日前支付计算的上月税金，次年 4 月 30 日前结算。小企业经营者可以按照季度支付。

3. 增值税

在波兰境内销售商品和提供服务需按月交纳增值税。自 2011 年 1 月 1 日起，增值税有 23%、8%、5%和 0%四种税率，其中 23%为基本税率，其他几种税率为特殊商品和服务税率。医疗、社会保健和教育免征增值税。

4. 房地产税

该税为地方税，各地税赋略有差异，按年收取，住宅较低，商用建筑物较高。2013 年，波兰住宅使用面积的房地产税率为 0.73 兹罗提/平方米，商用土地的房地产税可达 0.88 兹罗提/平方米，商用房屋使用面积的房地产税为 22.82 兹罗提/平方米。新建或在建建筑，则按照总价值的 2%征收房地产税。乡议会有权减免房地产税。

5. 农业税

农业税按公顷核算，兼顾土地等级。1 公顷一级农用地一年税务年度按 1.95 公顷标准折算。目前对 1 公顷土地的农业税按 2.5 公担黑麦上一年度前三季度收购平均价核算。最低等级的土地免征农业税。山区可获得 1～15 年减免征收农业税待遇。

6. 林业税

林业税纳税人为森林所有人、占有人或者用益物权人，税额取决于森林面积和一定时期内木材的价格。

7. 民法交易税

波兰一系列民法活动须缴纳印花税。这些活动包括：销售协议、物和物权修订协议、租借租赁协议、贷款协议、公司协议、担保协议。印花税因合同的活动类别不同而税率不等，税额一般在5兹罗提到100兹罗提之间，购买房产许可的印花税较高，为1 400兹罗提。

8. 页岩气税

2014年7月，波兰众议院通过新法案，规定自2020年起在波兰的页岩气开采者须支付40%的原材料税。该法对石油和天然气开采者也做出类似规定，提高其向地方政府和国家环保和水文经济基金支付的勘探费，天然气由6兹罗提/千立方米增至24兹罗提/千立方米，石油由36兹罗提/吨增至50兹罗提/吨。近年，波兰环境部已向包括雪佛龙、波兰油气公司（PGNiG）、Lotos和Orlen等企业发放100多个页岩气开采许可。包括埃克森美孚（Exxon）、马拉松（Marathon）和塔里斯曼（Talisman）公司在内的6家能源公司已陆续从波兰撤出。2015年6月初，康菲石油公司宣布，因勘探结果不理想而结束在波兰的页岩气勘探工作。

9. 银行税

波兰新政府竞选时许下若干承诺，兑现承诺需要更多财政资金支持，为此新政党上台以来提出并陆续通过数项税收调整法案，主要目的是开源增加税收。措施之一是提高金融行业的银行税。2015年12月，众议院公共财政委员会提出法案，将银行税月税率从0.032 5%提高到0.036 6%。2016年1月，总统杜达签署了银行税法案。该法案规定，资产在40亿兹罗提以上的银行以及合作储蓄和信用社、资产在20亿兹罗提以上的保险机构、2亿兹罗提以上的贷款公司，于2016年2月起每年缴纳资产0.44%的税收（月度税率为0.036 6%）。

10. 零售业流转税

2016年1月底，波兰财政部公布征收零售业流转税的法律草案，新税法涵盖所有连锁及独立零售商，实行阶梯制税率。月营业额低于150万兹罗提的商户免税，营业额超过150万低于3亿兹罗提的商户缴税税率为0.7%，营业额超过3亿兹罗提的商户缴税税率为1.3%。周六、周日和法定节假日的营业收入税率为1.9%。营业额不包含药品，法案中的商品不包含经过烹调的熟食。

### 4.3.3 企业在波兰报税的相关手续

1. 报税时间

申报缴税要及时，一般规定按月度和年度定期申报。企业所得税和个人所得税在每月 20 日前上缴，增值税在每月 25 日前上缴，可以预缴。年终清算时，企业所得税纳税人必须在下一个税务年度的前 3 个月内提交财务和税务报表；个人所得税报税材料应在次年 2 月前提交税务局，标明收入来源和额外应纳税项。

2. 报税渠道

企业自行到税务部门申报，税务部门核准后，企业采用银行转账或邮局汇款方式支付。

3. 报税手续

根据波兰的法律，企业委托会计师行或企业自聘会计制作企业资产负债表、损益表、现金流量表等财务报表，并根据企业实际收入和开支情况填写税务部门统一格式的税务申报表，报送所在地税务部门审核，确认无误后，企业按核准数缴纳税款。

4. 报税资料

需要提供的相关资料包括：企业资产负债表、损益表、现金流量表等财务报表和税务申报表。关于税赋和税收信息，咨询电话：0048－22－3330330 或者 0－801－055－055。

## 4.4 开展投资合作所需相关手续

### 4.4.1 在波兰设立商业实体

在欧洲经济区注册的企业可以通过设立子公司或者分公司在波兰开展商业活动。欧洲经济区以外的国家，如果当地法律允许波兰企业在该国设立分公司，来自这个国家的企业也可以通过设立分公司的方式在波兰开展商业活动（互惠原则）。

在波兰，法律允许投资人成立的公司形式包括（1）合伙企业和（2）公司。

合伙企业有 4 种形式：

- 一般合伙企业（spółkajawna，或 sp.j.）
- 专业合伙企业（spółkapartnerska，或 sp.p.）
- 有限合伙企业（spółkakomandytowa，或 sp.k.）

- 股份有限合伙企业（spółkakomandytowo-akcyjna，或 s.k.a.）

公司有 2 种形式：

- 有限责任公司（spółka z ograniczonąodpowiedzialnością，或 sp.zo.o.）
- 股份公司（spółkaakcyjna，或 S.A.）

合伙企业和公司不同，它不能作为独立的法律主体，不需要成立管理委员会。此外，合伙企业合伙人需对合伙企业的债务承担无限责任。由于这些原因，合伙制在波兰企业不如公司普遍。

设立合伙企业花费的时间、成本以及基本程序与设立有限责任公司类似。下文有关设立公司的相关信息原则上也适用于合伙企业。

1. 公司

有限责任公司在波兰是最为常见的法人实体形式，成立有限责任公司至少需要一名股东。然而，(无论在波兰或者别的国家设立）不能在波兰成立单一股东的有限责任公司。成立有限责任公司需要在波兰国家法院注册处进行登记注册，该流程通常需要 4～6 周。

有限责任公司的最低注册资本要求为 5 千兹罗提（约 1 250 欧元)，每股名义价值不得低于 50 兹罗提。全部资本金必须在公司章程签署之日起 6 个月内缴清，否则公司将被注销。出资可以通过现金或实物出资的形式。如果是实物出资，公司章程中应明确实物出资的方式，出资股东的身份信息，实物数量和所对应的股权价值。值得注意的是，如果注册资本过低，公司潜在的债务很容易超过其资本总额导致产生负的净资本额，从而使公司面临破产的风险。在必要的情况下，企业可以通过增资提高注册资本。《民事行为税法》对增资行为进行了规定。一般情况下税率为 0.5%，税基是新增的股本额。在波兰最常见的增资方式是一部分通过增加股本实现，剩余部分通过增加储备金，这是由于通过储备金形式的增资不在民事行为税征收的范围。

一般来说，有限责任公司的管理机构是股东会议和管理董事会。股东会议通常每年召开一次，通过决议对公司运营重要的事宜进行决策，例如批准通过上一财政年度的管理董事会报告以及财务报告、决定公司利润分配、对公司管理人员的表现进行评定等。管理董事会由一名或者以上人员（可以是股东或第三方）组成，除公司章程有专门规定外，股东会议通过决议对管理董事会成员进行任命和罢免。如果公司注册资本超过 50 万兹罗提，同时股东人数超过 25 名，公司必须成立监事会和审计委员会，通过二元监管模式对公司进行管理。

有限责任公司的股东不对公司债务承担个人责任。波兰商业公司法案对于公司股东、管理董事会成员在不同情况下需要承担的民事或刑事责任都有具体规定。

股份公司的成立流程和有限责任公司比较类似，成立股份公司至少需要一名股东。

股份有限公司最低注册资本金为 10 万兹罗提（约 2.5 万欧元），每股最低名义价值不得低于 0.01 兹罗提。如果部分股份为实物出资，至少 25%的注册资本必须在公司注册前全部付清。实物出资需要由注册处认可的审计师提供估值报告以对其价值进行认定。

股份公司的管理机构是股东会议、管理董事会和监事会。股东会议具备的权限与有限责任公司类似。监事会决定管理董事会成员的任命和罢免。除公司章程有专门规定外，由股东会议通过决议对管理董事会成员进行任命和罢免。监事会需要至少有三名成员，由股东会议进行任免。监事会对公司运营过程的所有事宜执行监管职能。

2. 分支机构

投资者可以选择设立分公司的方式在波兰开展商业活动。分公司的法人资格并不独立于母公司，因此分公司的所有活动都是由该授权董事以母公司的名义开展。分公司在波兰注册后即可开展商业活动。在设立分公司时，外国母公司必须指定一个人全权代表波兰分公司，此人可以是波兰公民也可以是外国公民。该代表提供给法院以及其他政府机关进行日常联系的地址必须是波兰地址，并且在法院注册处进行注册登记。通常母公司须通过授权委托书对分公司代表的权利和义务进行限定。

3. 代表处

外国公司可以在波兰成立代表处。代表处作为外国公司的一部分，其本身不是独立法人。代表处不能够从事任何商业活动，仅可在波兰开展商业推广活动。

设立实体具体流程如下：企业可以通过服务机构购买壳公司，或者通过成立新公司或设立分公司的方式进入波兰市场。自向波兰国家法院注册处提交相关申请之日起，完成公司注册大约需要 4～6 周的时间。在国家法院注册处完成注册流程后，公司才算正式成立。

**表 4－10　　波兰公司注册的基本流程及所需材料**

| 步骤 | 流程 | 所需时间 | 花费 |
|---|---|---|---|
| 1 | 在公证处对公司成立契约进行公证。<br>需要进行公证的材料包括：公司创始人清单、需要明确注明每名股东所占股份的情况、股东身份材料、公司章程和成立契约、股东已全额支付其股份对应的资本金的声明 | 1 天 | 注册资本＋公证费＋民事行为税（注册资本的 0.5%）（以上费用不含律师收取的服务费、翻译费等杂费） |

续表

| 步骤 | 流程 | 所需时间 | 花费 |
|---|---|---|---|
| 2 | 开设银行账户并存入注册资本，不同银行要求略有不同。通常需要提供的材料和信息包括：公司章程、经办授权人的身份信息公证、经办人授权书、企业税号（NIP）和国家统计号（REGON 号）。<br>由于某些材料和信息只有在公司注册流程完成后才可获取，因此有些银行账户只能在公司注册后才能开设。但由于法律要求需要事先付清注册资本金，在实际操作过程中，法律允许将注册资本先临时存入创始人或管理董事会成员的个人账户，待公司账户开设后再转入公司账户。 | 1 天 | 无 |
| 3 | 向法院公司注册处提交注册申请。注册完成后，申请人将获取企业税号（NIP）和国家统计号（REGON 编号）。法院公司注册处同时将注册信息与纳税人注册中心（Centralny Rejestr Podmiotów-Krajowa Ewidencja Podatników）共享。尽管可以在线完成注册流程，但是实际操作过程中由于手续相对较为繁琐且有些流程不灵活，不被普遍采用。然而根据 2018 年 398 号法案的要求，从 2020 年 3 月 1 日起，所有公司注册申请必须在线完成。 | 约 4 周 | 500 兹罗提（政府行政收费）+100 兹罗提（政府声明） |
| 4 | 相关税务登记。税务机关自动获取法院公司注册处的公司信息，并授予公司企业税号－NIP。新注册的企业需要在法院公司注册处录入其信息的 21 天内向所属地区税务机关提交 NIP－8 表格。税务信息发生变化的 7 天内需要向税务机关提交变更申请。<br>企业在开展涉增值税业务前 1 周需要完成增值税纳税登记。需要向税务机关提交的材料和信息包括：公司注册信息、REGON 编号（国家统计号）、公司开展经营活动的日期、公司注册地址。<br>如果公司计划在欧盟范围内开展外贸活动，需要事先进行欧盟增值税登记。波兰和欧盟增值税登记可以通过 VAT-R 表格一次完成。 | 7 天 | 无。如果企业需要获取增值税登记证明，每份开销为 170 兹罗提（非必须） |
| 5 | 在社保部门（Zakład Ubezpieczeń Społecznych－ZUS）进行社保登记。雇用关系生效之日（通常为雇用合同的签署日）起 7 天内，雇主和雇员都需要在公司属地的社保部门完成社保登记。 | 1 天 | 无 |

续表

| 步骤 | 流程 | 所需时间 | 花费 |
|---|---|---|---|
| 5 | 根据法院公司注册处获取的信息和提交给税务机关的 NIP－8 表格的补充数据，社保部门将为申请人开设社保缴纳账号。雇主可以通过邮寄或在线（在线提交需要使用专门的软件 Płatnik，并需要有电子签章）提交以下材料：ZUS ZPA 表格（用于雇主登记）、ZUS ZUA 表格/ZUS ZZA 表格（用于不同情况下的雇员登记）。 | 1 天 | 无 |

资料来源：世界银行报告，http://www.doingbusiness.org/en/data/exploreeconomies/poland#。

**表 4－11　　波兰分公司注册基本流程及所需材料**

| 步骤 | 流程 | 所需时间 | 花费 |
|---|---|---|---|
| 1 | 注册申请。母公司或其委托人向地方法院经济庭注册处申请注册分公司，注册申请应提交的文件有：由波兰律师填写的设立分公司的申请表（需经母公司负责人或其委托人签名）、母公司营业执照副本、母公司章程复印件、经母公司所在地公证处公证的并由波兰驻母公司所在国大使馆盖章确认的母公司营业执照、母公司授权委托书和母公司章程全套资料、波兰公证处公证的分公司章程和分公司总经理签名样本。分公司章程应包含分公司名称（应为母公司名称后加波兰文的“波兰分公司”字样）、地址、业务范围、总经理姓名及其在波兰的住址等。 | 1 天 | 无 |
| 2 | 注册审批。注册申请受理后，需将申请材料转递波兰外交部，由波兰外交部通过波兰驻申请方所在国大使馆对该外国公司的情况进行核查，核查无误后，由地方法院颁发多页纸的注册证明。 | 审批期限约 2～3 个月 | 分公司注册无注册资金要求，注册总费用约 3 500 兹罗提，其中法院注册费 1 500 兹罗提，律师费 2 000 兹罗提 |
| 3 | 申请统计代码（REGON）。分公司注册成功后，需向当地统计局申请统计代码（REGON）并刻制公司印章。 | 约 2 小时 | 无 |
| 4 | 开立银行账户。分公司注册后并取得 REGON 代码后，即可在波兰银行开立分公司银行账户，开立账户时需提供注册证明和 REGON 代码复印件。 | 1～2 天 | 无 |

续表

| 步骤 | 流程 | 所需时间 | 花费 |
|---|---|---|---|
| 5 | 申请增值税号（NIP）。分公司获准注册后，在开展第一笔业务之前需向所在地税务局申请增值税号（NIP），该税号属于分公司。 | 2～3 周 | 无 |
| 6 | 申报社会保险。公司在雇用了第一名员工后需在 10 天内向公司所在地社保局申报雇员情况并交付社会保险金，并获得公司的社会保险金支付代码。 | — | 无 |
| 7 | 申报劳动安全检查。公司在雇用员工后应立即向当地劳动安全检查局申报检查，由该检查局对公司雇员进行 2～3 小时安全培训讲座，并对公司的工作环境、工作时间进行检查，检查合格后为每个员工发放安全工作证明。 | — | — |
| 7 | 同时公司须为每位雇员在规定的体检单位做健康检查，获得体检证明的雇员方可上岗工作。这两个证明缺一不可，必须随时放在公司里，以防劳动安全检查局抽查，若被查处无安全证明和健康证明上岗，公司则被罚款。 | — | 无 |

资料来源：世界银行报告，http://www.doingbusiness.org/en/data/exploreeconomies/poland#。

## 4.4.2 承揽工程项目的程序

1. 获取信息

国家筹资的项目由各主管部门发布信息；各省及主要城市设有市政基础设施管理部门负责发布本地区的发展战略与项目信息。此外，各主要报刊也定期发布招标信息。

2. 招标投标

根据波兰《建筑法》《公共采购法》等规定，波兰国家投资项目或国际组织贷款和援助项目，一律采用招标方式。大型项目招标要经过漫长和严密的法律程序；自筹资金项目可通过议标方式进行；小型项目，如项目单位不进行招标，须向主管部门陈述充分理由，获准后可通过其他方式进行。

2014 年 7 月，波兰众议院通过《公共采购法修正案》。根据新法，价格将不再是公共采购项目的唯一标准，若业主方根据价格标准决定某投标人中标，须对该决定做出解释。新法还规定，公共采购局须向业主公布好的案例；如业主怀疑投标人低价竞标，投标人须证明其价格不过分低；公共项目投标人支付其雇员的工资不得低于最低工资。2016 年初，波兰发展部颁布的《负责任的发展计划》提出将进一步修改《公共采购法》，新法的基本原则是：不再以最低价格作为标准；将维护成本作为考虑因素之一；对中小企业给予优惠（招标条件不得将中小企业排除在潜在投标人以外）；向高附加值创新产品倾斜；增加有关保持就业岗位稳定的条款。

波兰基础设施和建设部表示将修改《建筑法》，内容包括简化家庭住房建造程序、简化行政审批程序、缩短申请建筑许可时间等。

此外，波兰于 2014 年 8 月公布修改后的《交通运输法》以促进铁路投资。新法案缩短了企业获得建筑许可的时间，简化了铁路投资的监管政策，并通过引入电子文档报送缩短行政审批时间。铁路投资将不再因地域规划等监管政策而受到阻碍和拖延。

3. 许可手续

波兰承包工程的主管部门是隶属政府的技术监督总局，即建筑行业技术总监、铁路建筑技术总监和矿山建筑技术总监。承包商承揽当地工程需要到该部门申请承包工程许可，并接受该机构对承包工程的审查和项目监督。

## 4.4.3 申请专利和注册商标

1. 申请专利

专利主管部门是波兰专利局，申请专利需向专利局提交申请（网址：www.uprp.pl/English）。

在波兰，可以本人到专利局办公大厅递交申请材料或通过网络两种方式申请专利。其中，网络申请需登录波兰专利局网站，填写电子申请表及相关电子文件。所需文件根据申请专利的种类不同而有所不同，申请材料语种为波兰语。

申请发明专利的，申请文件应包括：发明专利申请书、摘要、摘要附图、说明书、权利要求书、说明书附图。申请实用新型专利的，申请文件应包括：实用新型专利申请书、摘要、摘要附图、说明书、权利要求书、说明书附图。申请外观设计专利的，申请文件应包括：外观设计专利申请书、图片或者照片以及对该外观设计的简要说明。

2. 注册商标

波兰的商标分为国内商标、欧盟内部商标和国际商标。

申请波兰国内商标和国际商标须到华沙专利办公室注册登记，未在波兰注册的外国企业必须通过波兰的专利代理申请商标注册。

申请欧盟内部商标须向设在西班牙阿里坎特（Alicante）的协调办公室提交材料，具体信息需根据申请内容在波兰专利局关于商标注册的网站上查询（www.uprp.pl/znaki-towarowe/Lead05, 29, 1703, 4, index, pl, text/）。

## 4.4.4 赴波兰的工作许可办理

1. 主管部门

外国人工作许可主管部门是各省省督府的劳动社会政策部门及所属地区各地方办事处。在马佐夫舍省为华沙劳动局及该局在本省各地的分支机构。

2. 工作许可制度

（1）许可种类

工作许可有以下几类：A 类，与办公地在波兰境内企业签署劳动协议的外国人；B 类，为登记企业法人从事管理工作的外国人；C 类，为外籍雇主工作且 1 年内的工作时间超过 30 天的外国人；D 类，为外籍雇主工作（但该雇主在波兰境内不拥有分公司、工厂或其他形式的组织活动），且从事临时性或偶然性出口服务的外国人；E 类，为外籍雇主工作，在波兰境内工作时间超过 3 个月，从事 B—D 类型以外工作的外国人。

（2）许可期限

许可期限的三种情况：① 通常不得超过 3 年，到期可延长；② 雇员超过 25 人以上公司的外籍董事会成员在委派期内最多可获得 5 年的工作许可；③ 由境外雇主派遣从事外派劳务活动的外国人，省督根据派遣期发放劳动许可。

（3）许可拒签

出现下列情形之一，省督可拒签工作许可：① 申请中提供虚假个人资料、信息或添加含有虚假数据的文件；隐瞒事实真相、使用伪造文件；② 未达到相关条款要求；③ 经法院判决，认定为违反相关法规被判有罪或被在认定有罪之后的 2 年期内；④ 违反刑法、工作许可签发相关规定或犯有贩运人口罪特别是妇女、儿童行为的自然人或受该自然人管理的机构；⑤ 受雇外国人不符合招聘条件或资质要求；违反有关工作许可签发程序；⑥ 受雇外国人在不受波兰欢迎人员名单之列。

（4）许可撤销

出现下列情形之一，省督可撤销已发放的工作许可：① 与签发许可相关的理由和证明发生变更；② 签发许可的理由不复存在；③ 雇主未履行相关责任义务；④ 外国雇员不再满足相关条款要求；⑤ 外国雇员中断工作时间超过 3 个月；⑥ 获悉外国雇员被列入不受波兰欢迎人员名单。

（5）申办费用

主要有以下几项：① 申办 3 个月的工作许可：50 兹罗提；② 申办 3 个月以上的工作许可：100 兹罗提；③ 申办以从事出口服务为目的工作许可：200 兹罗提；④ 申办工作许可延期：以上相关额度的 50%。

（6）办理期限

根据波兰《行政诉讼法》，当地劳动主管部门对工作许可（包括承诺函）的审批期限为自申请送达之日起 1 个月内。

3. 申请程序

工作许可由波兰雇主（波兰企业自己雇用外国人）或外国雇主（波兰企业以进口外国公司劳务的形式使用外国人）向波兰所在地劳动主管部门提出请求，劳动部门在审查申请材料并考虑当地市场状况后，如符合条件，可签发工作许可。

4. 提供资料

工作许可申请表格及相关文件和证明主要包括：

（1）波兰国家注册法院出具的企业注册证明或从事经济活动的证明。

（2）工作许可的缴费证明。

（3）有效护照复印件。

（4）外国人专业技能确认文件（由宣誓翻译译成波兰文）。如果雇主对工作人员有更高的要求，可以要求外国人提供确认其受教育水平的文件，包括资格、学历和认证证书等。

（5）公司协议复印件（包括协议及之后的修订）。

（6）REGON 统计号。

（7）波兰社会保险公司出具的雇主没有拖欠员工社会保险费用的证明。

（8）税务局出具的雇主没有拖欠税款的证明。

（9）招聘声明及县长评估（发布招聘声明，向县劳动局通报招聘岗位，在 EURES 上公布招聘公告，县长要对雇主的人员需求及当地劳动市场情况做出评估）。

（10）雇主关于最近 12 个月遵守劳动法和就业促进和劳动市场机构法的声明，如由他人代办，需提供雇主全权委托书原件。

（11）波兰国家刑事注册信息局出具的无犯罪证明。

（12）如果外国人有波兰居留权，还应提交短期居留许可（如果在递交工作申请时有该居留许可）和外国人的居住登记证明。

（13）如果工作申请涉及“在波兰的关键岗位”，如商法中的合伙人或股东，或外国人在董事会任职，则还应提交：任命外国人担任公司重要职位的决议；公司最近 12 个月内的纳税证明；如果公司亏损，应说明具体原因，如由于投资或技术转让或是用于创新和创造新的工作岗位；涉及关键岗位时，要提供外国公司至少 1 年内在该岗位雇用人员的情况；外国人的责任范围。

# 4.5 中国与波兰的投资关系

## 4.5.1 双向投资概况

近年来，中波投资合作增长速度较快。2003 年—2015 年，波兰在华累计投资额增长了 3 倍，中国对波兰投资额增长了 7 倍，但是体量占比却较小。2014 年，中国对波直接投资流量为 4 417 万美元，同比增长 140.8%；截止到 2014 年年底，中国对波兰直接投资存量 3.29 亿美元，而波兰吸收外资存量为 2 495.2 亿美元，中国占比仅为 0.13%。截至 2015 年年底，中国对波投资存量仅占波兰吸收外资总额的 0.2%。中国并非波兰外资的主要来源国。截至 2016 年年底，中国对波兰累计直接投资存量 1.3 亿美元；截至 2017 年年底，中国对波兰直接投资存量 4.05 亿美元。

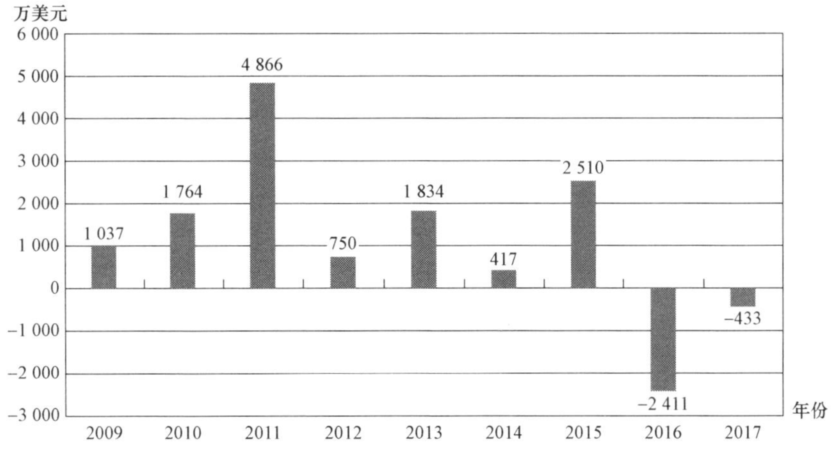


**图 4－1　2009 年—2017 年中国对波兰投资流量情况**

数据来源：《2018 世界投资报告》。

中国在波兰注册实体 756 个，其中 648 个实体雇用人数在 9 人以下，108 个实体雇用人数在 10 人及以上。

中国企业在波兰投资涉及生物医药、新能源、机械电子制造、信息通讯、商贸服务、金融机构、基础设施等多个领域。

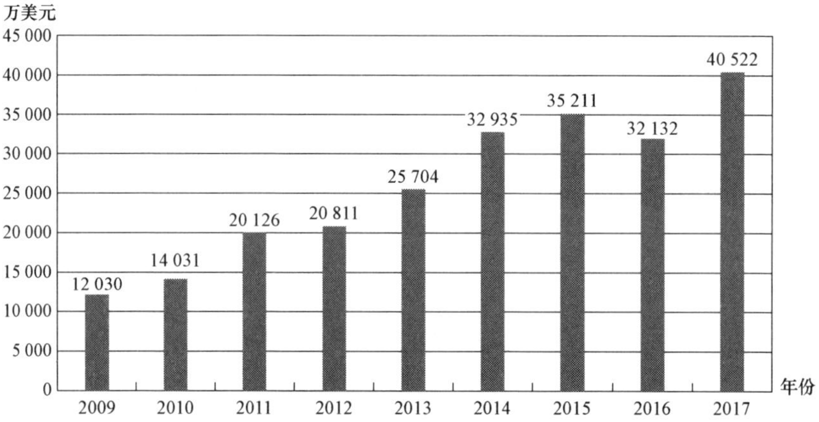


**图 4－2　2009 年—2017 年中国对波兰直接投资存量情况**

数据来源：《2018 世界投资报告》。

中波轮船公司成立于 1951 年，是两国间第一家合资企业，也是新中国最早建立的中外合资公司。中国在波兰直接投资的制造企业主要有：广西柳工、湖北三环、TCL、同方威视、冠捷电子、胜利科技、运城制版、大连达伦特、中集车辆波兰公司、鸿博新能源、京西重工等；信息通讯业有华为、中兴；基础设施类企业有中国电建、平高、中国港湾、中土等企业；商贸中心有 GD 波兰华沙中国城、SCC 波兰国际贸易中心、新达商城等；金融机构有中国银行波兰分行、工商银行华沙分行、建设银行波兰分行、中国—中东欧投资合作基金等。

尽管中国在波投资规模偏小，但未来仍有较大发展空间。中国企业在波兰投资的主要领域为贸易和服务、制造业、房地产、承包工程等。

近年来，波兰政府不断加大对基础设施建设的投入，与西欧国家相邻的地缘优势以及加入欧盟等多种因素推动波兰成为东欧地区非常有吸引力的投资目的地，进而拉动了波兰工程承包市场的繁荣。中国企业充分利用自身成本优势，逐步拓展波兰工程承包市场，进而打开欧洲市场。2007 年 8 月 30 日，中国海外工程总公司承建波兰 Gromada 公司酒店项目合同在华沙正式签订，合同金额 898 万欧元。这是中国建筑公司在波兰签订的首个承包项目合同。

2012年3月，波兰经济部启动了“走向中国”计划，其宗旨是吸引来自中国的投资，以促进中波两国企业尤其是中小企业在矿产品、环境保护、化工产品、信息通信等领域的合作，以推进双边经贸合作的深化。

中国国家统计局数据显示，2014年，中国在波兰承包工程业务实现历史突破，完成营业额1.3亿美元，同比增长271.8%，承包项目主要涉及电力、交通等领域。虽然营业额增速大幅提高，但业务总额依然较低，尤其是与欧洲承包商的竞争，加大了中国在波工程承包业务拓展的难度。总体上，中国在波工程承包业务虽得到一定发展，但整体规模偏小，未来还有较大的发展空间。

据中国商务部统计，2015年，波兰对华非金融直接投资8 277万美元。截至2016年3月底，波兰在华投资项目达303个，实际投资额达2.1亿美元。截至2015年年底，波兰对中国非金融类直接投资累计约为2.1亿美元。主要项目有：三北一拉法科锅炉有限公司工业锅炉生产项目、山东新汶矿业集团与KOPEX公司合资生产液压支架项目、泰安良达机械制造公司与FASING公司输煤机圆环链生产项目、江西九江红鹰科技公司与PZL-SWIDNIK合作生产直升机项目等。

## 4.5.2 波兰在中欧班列线路的节点作用

波兰是中欧班列进入欧盟的首站，发挥着交通中转站作用。中欧班列主要停经波兰以下4个城市：列车经过白俄罗斯后抵达波兰边境城市马拉舍维奇，在这里进行换轨，将俄罗斯东部标准轨道（1 520毫米）换为西欧标准轨道（1 435毫米）。波兰国家铁路货运公司（PKPCargo）负责该中心中欧班列货物的装卸管理，运输中心面积为5万平方米，仓储容量为1 872个标准集装箱。

罗兹是来自成都的中欧班列的终点站。当地运输中心是铁路和公路多式联运中心，面积为15万平方米，仓储容量为6 000个标准集装箱，由Spedcont公司负责运营。当地运输中心计划将到达班列数量扩充2倍，存储面积扩充3倍，以满足中国成都和罗兹的日常班列需求。

根据2016年波兰国家铁路货运公司（PKPCargo）与中国中铁快运股份有限公司（China Rail way Express）签署的协议，华沙成为中欧班列在波兰的中转站和终点站，来自中国上海、苏州和武汉等城市的班列停经这里。华沙站面积为3万平方米，仓储容量达1 200个标准集装箱，是一个连接铁路和公路的综合交通枢纽。

波兹南市是2016年以来最新开通的中欧班列站点，是一个连接东西向和南北向（波罗的海到亚得里亚海）的综合交通枢纽，面积为2.8万平方米，仓储容量为1 800个标准集装箱。

## 4.5.3 双边投资协定

1. 双边投资保护协定

中国政府与波兰政府于 1988 年签订了《双边投资保护协定》。

2. 避免双重征税协定

中国政府与波兰政府于 1988 年签订了《避免双重征税协定》。

3. 其他协定

中国政府与波兰政府于 1995 年 5 月签订《关于植物检疫的协定》；1996 年 12 月签订《海运合作协定》；1997 年 11 月签订《动物检疫及动物卫生合作协定》；2004 年 6 月签订《经济合作协定》；2011 年 12 月，两国政府发表《关于建立战略伙伴关系的联合声明》；2012 年 4 月，两国政府签署《关于加强基础设施领域合作协定》；2012 年 4 月，中国商务部和波兰经济部签署《关于促进中小企业交流与合作的谅解备忘录》；2015 年，两国签署《关于共同推进丝绸之路经济带和 21 世纪海上丝绸之路建设的谅解备忘录》；2016 年 6 月，两国签署《关于共同编制中波合作规划纲要的谅解备忘录》，表达双方在共建“一带一路”框架下共同开展双边合作规划编制工作的意愿。2017 年 5 月，波总理谢德沃出席“一带一路”国际合作高峰论坛。论坛举行期间，李克强总理和谢德沃总理共同出席了《中华人民共和国政府和波兰共和国政府旅游领域合作协议》签字仪式。

4. 中国与波兰经济联委会的最新情况

1984 年，两国签订《中华人民共和国政府和波兰人民共和国政府关于成立中波经济、贸易、科学技术合作委员会议定书》，决定成立两国政府经济、贸易和科技合作委员会。2004 年，两国政府签订《经济合作协定》，规定双方成立经济合作联合委员会，该委员会为副部级，每年召开一次会议，在两国轮流举行。截至目前已召开 17 次例会。

# 第5章
# 波兰金融环境

## 5.1 当地货币与外汇管理

波兰货币为兹罗提（货币代码：PLN）。波兰《外汇法》规定，兹罗提为可自由兑换货币。在金融机构、兑换点（KANTOR），兹罗提与美元、欧元等自由兑换货币可互相买卖。

2000年4月12日，兹罗提汇率实行完全自由浮动，兹罗提汇率在市场自由形成，不再采取官定汇率、滚动贬值或浮动区间等形成机制。中央银行可以对外汇市场实行干预。

人民币与兹罗提不能直接兑换，可以通过美元或欧元等可兑换货币搭桥进行结算。

**表5-1　　2014年—2018年波兰国家银行（NBP）平均汇率**

| 年份 | 兑欧元汇率 | 兑美元汇率 |
| --- | --- | --- |
| 2014 | 1欧元=4.185 2兹罗提 | 1美元=3.155 1兹罗提 |
| 2015 | 1欧元=4.183 9兹罗提 | 1美元=3.770 1兹罗提 |
| 2016 | 1欧元=4.362 5兹罗提 | 1美元=3.943 1兹罗提 |
| 2017 | 1欧元=4.257 6兹罗提 | 1美元=3.777 7兹罗提 |
| 2018 | 1欧元=4.262 3兹罗提 | 1美元=3.613 4兹罗提 |

资料来源：波兰国家银行网站。

## 5.2 银行与融资服务

1989年波兰经济转轨以来，对银行业进行了一系列的改革，商业银行业得到很大发展，银行业私有化已基本完成，外国资本在波兰银行资本中已占有绝对优势。目前，波兰银行业的主要监管机构是波兰中央银行下设的银行间管理员会。1989年，波兰颁布了《国家银行法》和《银行法》，国家银行不再经营商业银行业务，承担发行货币、管理国家外汇储备、制定金融政策、监督商业银行运作、发放银行经营许可证等中央银行的职责。

2002年，波兰有银行672家，其中商业银行64家，合作银行608家；银行总资产达4 768.61亿兹罗提，比1993年增长4.7倍；注册资本达104.65亿兹罗提。商业银行资产达4 543.51亿兹罗提，占总资产的95.3%，注册资本达100.04亿兹罗提，占注册资本的95.6%；合作银行资产达224.1亿兹罗提，占总资产的4.7%，注册资本达4.61亿兹罗提，占注册资本的4.4%。在商业银行中，波兰控股商业银行17家，占26.6%；资产达1 299.97亿兹罗提，占总资产的27.4%，注册资本达21.46亿兹罗提，占注册资本的20.5%；外国资本控股商业银行47家，占73.4%；资产达3 241.85亿兹罗提，占总资产的67.9%，注册资本达78.58亿兹罗提，占注册资本的75.1%，其中外国独资银行22家，资产达341.96亿兹罗提，注册资本达29.21亿兹罗提。

据波兰中央统计局提供的资料，2002年，波兰银行业利润为6.37亿欧元，比2001年下降38.1%；另据波兰国家银行资料，2002年，波兰银行不良贷款率约20%，同比增长5%。

波兰国家银行（NBP）是波兰的中央银行，执行《宪法》《国家银行法》和《银行法》赋予的职权。上述三部法律确保了波兰国家银行相对于其他机构的独立性。波兰国家银行的组织机构包括总裁、货币政策委员会和董事会。其三项主要职能是：发行银行、银行的银行和国家的银行。主要职责是：稳定货币、管理外汇储备、确保金融体系安全。作为中央银行，波兰国民银行还承担着紧急流动性援助和最后贷款人的角色，每年还定期出版金融稳定报告（FSRs）。为了维护市场的稳定尤其是流动性，波兰国民银行积极运用各种货币政策手段和工具，确保市场的流动性供给。

国民经济银行（BGK）是波兰主要国有银行。该行的主要任务是：通过运作包括欧盟援助基金在内的公共基金，执行中央政府和地方政府的经济计划和地区发展项目。此外，该行也为地方政府和战略性企业提供银行业服务，并为个人客户提供定期存款服务。

波兰主要商业银行有波兰全民储蓄银行（PKO BP）、波兰 Pekao 银行、波兰出口发展银行（BRE）、荷兰国际银行（ING）、千禧银行（Millennium）、Sandantor 银行、合作集团银行（SGB）、波兰合作银行（BPS）、花旗银行（Citibank）、汇丰银行（HSBC）。绝大多数银行是综合性银行，部分银行从事投资银行业务，提供咨询服务、股票和债券发行担保等。抵押银行发展较迅速。所有的大银行和越来越多的小银行提供网上银行服务。

目前，波兰银行业处于支持经济增长的良好位置，他们正在稳步增加资产，市场也变得多样化。在波兰经营的银行已经通过了欧洲压力测试，证明了它们具备抵御英国退欧或股市突然崩溃等冲击的能力。

波兰银行业的关键数据表明，它为应对市场波动做好了充分准备。根据 2018 年的一项研究，一级资本比率（一级资本用于吸收银行偿付能力的损失）为 16%，而最低巴塞尔协议 I 所要求的比率是 10.5%。银行在流动资产方面也表现出色，流动性覆盖率（LCR）为 149%，而最低要求为 100%。但是，确实需要注意一个领域：波兰的不良贷款（NPLS）率为 12.5%，是欧盟平均水平的 2 倍，这当然是银行业务活动的正常组成部分，但是如果过高，则会对盈利能力产生负面影响。

波兰银行业正在发展，并且有继续增长的潜力。在过去的 15 年中，资产平均每年增长 4%。这个比率与波兰的 GDP 增长率一致，但仍相对较高，尤其是与大多数其他欧盟国家相比，后者的银行业年增长率不到 2%，在某些情况下，实际上正在萎缩。

从数据来看，波兰银行业有进一步增长的潜力。例如，波兰的贷款市场比欧盟平均水平要小，比如家庭债务水平较低：2017 年占国内生产总值的 35%，而欧盟则为 61%。

波兰银行业是分散的，五大银行只拥有 50%的资产，比欧盟平均水平低 14%。这种分散加剧了竞争，但也难以实现规模经济。这意味着银行的股本回报率很低，仅为 7%，几乎是维谢格拉德集团内的其他国家和地区平均利润率的一半。同时，市场具有一定的双重性，一方面拥有强大的大型参与者（资产最大的五家银行的股本回报率达到10%），另一方面却拥有规模较小、较弱的参与者，这压低了市场的股本回报率。

波兰银行业的总体形势是积极的，但是保持稳定和增长将需要付出很大努力，这是由于其存在经济下滑的风险，监管变化也可能导致更高的税收负担或资本要求，这限制了银行扩大向消费者提供产品的能力，并不断推高了成本。由于遵守的是欧洲委员会的支付服务指令PSD2，波兰银行业已开放给金融科技公司和传统银行业以外的其他机构的竞争。

2012年6月，中国银行（卢森堡）有限公司波兰分行在华沙开业，成为首家在波兰正式运营的中资银行，经营本外币存贷款、汇款、外汇买卖、贸易融资及保函等业务。2012年11月，中国工商银行华沙分行在波兰开业，可提供账户管理、外汇汇款、国际结算、贸易融资、公司信贷等金融服务。2017年5月，中国建设银行在华沙设立分行。中国国家开发银行、中国进出口银行在波兰分别设有工作组。2015年，海通证券完成对葡萄牙圣灵银行收购后，其波兰分行更名为海通银行波兰分行，成为中东欧地区唯一的中资投资银行。

目前，波兰基础利率为：参考利率1.5%，伦巴德利率2.5%，央行存款利率0.5%，再贴现利率1.75%。各银行通常根据本地货币市场形成的兹罗提银行同业拆息（Wibor）决定本行的商业贷款利率，即综合考虑贷款人资信、贷款项目和贷款期限等因素，在Wibor基础上加若干百分点形成贷款利率。

就融资条件而言，外资企业与当地企业享受同等待遇。融资的基本条件包括：经济活动是否需要特许、许可或执照；公司注册证明（KRS）；公司信用信息（如ZUS、银行账号、纳税情况等）；其他确认公司合法经营的文件；项目可行性和风险评估；企业当前财政状况评估；融资必要性评估；贷款条件的确定等。

中资企业不能使用人民币在当地开展跨境贸易和投资合作，但汇丰银行、BRE、中国银行、中国工商银行、中国建设银行等可提供人民币结算服务。

当地银行可为外国企业开立不同种类的保函，包括付款保函、履约保函、投标保函、预付款保函、质量/维修保函、融资性保函等。为外国企业转开保函，通常需要满足银行间建立代理行关系、保函开立行资信良好无不良记录、业务背景真实、提供反担保保函等条件。

# 5.3 保　　险

## 5.3.1 保险业概况及主要公司

波兰保险业是在1803年开始的。在该年成立了波兰互助保险公司，该公司经营房屋火灾强制保险，并陆续展开了其他保险业务，后改名为公众企业互助保险公司。与此同时，其他保险公司相继成立。目前，波兰相关法律包括《保险和再保险活动法》《保险经纪人法》和《强制保险、保险保障基金和机动车保险法》。此外，波兰还遵守欧盟相关法，欧盟保险市场最重要的法规是《框架指令之偿付能力指令Ⅱ》。

截至2018年12月31日，在波兰境内从事保险活动的持牌保险事业有60家，其中27家为人寿保险事业，33家为非人寿保险事业。此外，还有1家为持牌再保险企业。

2018年承保的总保费总额为62 160亿兹罗提，较上年下降0.28%。人寿保险部门的保费总额为2 170亿兹罗提，而非人寿保险部门的保费总额为40 460亿兹罗提。与上年相比，寿险部门的总保费支出下降了11.64%，而非寿险部门则增长了7.10%。

**表5－2　　2017年—2018年波兰人寿保险各类别总承保保费及增幅**

| 保险类别 | 2017年的总承保保费（千兹罗提） | 2018年的总承保保费（千兹罗提） | 增幅（%） |
|---|---|---|---|
| 人寿保险 | 7 402 079 | 7 609 137 | 2.80 |
| 与保险资本基金有关的人寿保险 | 11 379 055 | 7 928 381 | －0.30 |
| 意外保险 | 5 510 067 | 5 918 308 | 7.41 |
| 其他保险 | 270 067 | 248 969 | －7.81 |

资料来源：Polish insurance market 2018, Statistics Poland (GUS), https://stat.gov.pl/en/topics/economic-activities-finances/financial-results/polish-insurance-market-in-2018, 2, 8.html。

表 5-3　　2017 年—2018 年波兰非人寿保险各类别总承保保费及增幅

| 保险类别 | 2017 年的总承保保费（千兹罗提） | 2018 年的总承保保费（千兹罗提） | 增幅（%） |
|---|---|---|---|
| 机动车辆保险 | 22 462 763 | 23 484 702 | 4.55 |
| 财产保险 | 6 221 345 | 6 788 691 | 9.12 |
| 人身保险 | 2 181 293 | 2 465 307 | 13.02 |
| 金融保险 | 1 701 998 | 1 731 026 | 1.71 |
| 第三方责任保险 | 1 953 253 | 2 174 125 | 11.31 |
| M.A.T | 294 676 | 362 785 | 23.11 |
| 其他 | 2 962 146 | 3 458 362 | 16.75 |

资料来源：Polish insurance market 2018, Statistics Poland (GUS), https://stat.gov.pl/en/topics/economic-activities-finances/financial-results/polish-insurance-market-in-2018, 2, 8.html。

波兰保险公司 2018 年的整体财务业绩好于前一年。寿险公司（第一类）和非寿险公司（第二类）均获得了更高的结果。

截至2018年12月底，在26家人寿保险公司中，有18家的外资占主导地位或100%。

在其他人身和财产保险方面，34 家保险和再保险公司中有 20 家拥有外国所有者的多数股份。外资占主导地位的公司以股份公司的形式组织。

2018 年，波兰人寿保险公司的基本资本为 29.211 亿兹罗提，其中包括投资人外国实体，共计 17.467 亿兹罗提，占股本的 59.8%。在其他人身和财产保险部门，股本价值为 33.168 亿兹罗提，其中 22.493 亿兹罗提为外资。本部门外资占 67.8%。

波兰五家最大的保险公司在 2018 年第一部分的承保保费总额中所占的份额为 65.5%，全年增长 1.6%，而在第二部分所占的份额则从 70.7%增长至 70.9%，增幅仅为 0.2%。CR5 指标①（不分部门）占总保费的 56.4%，与 2017 年相比，这一份额增加了 2.0%。

波兰主要保险公司均是波兰保险业协会会员单位，保险业主要公司信息见表 5-4。

表 5-4　　波兰主要保险公司及信息

| 主要保险公司 | 地址 | 电话 |
|---|---|---|
| AEGON S.A. | AEGON Towarzystwo Ubezpieczeń na Życie S.A. Wołoska 5 02-675 Warszawa | 22 451-19-81, fax: 22 451-19-29, 22 451-19-99 |

① CR5 指标：前五大保险公司的市场集中度指标；CR=concentration rate（集中度）；5 指的是前五大保险公司。

续表

| 主要保险公司 | 地址 | 电话 |
|---|---|---|
| ALLIANZ POLSKA S.A. | Towarzystwo Ubezpieczeń ALLIANZ Polska S.A. Rodziny Hiszpańskich 1 02－685 Warszawa | 224 224 224 |
| ALLIANZ ZYCIE POLSKA S.A. | Towarzystwo Ubezpieczeń ALLIANZ Życie Polska S.A. Rodziny Hiszpańskich 1 02－685 Warszawa | 224 224 224 |
| ATRADIUS Credito Y Caucion S.A. De Seguros Y Reaseguros SA Polish branch | ATRADIUS Credito Y Caucion S.A. De Seguros Y Reaseguros Spółka Akcyjna Oddział w Polsce ul. Prosta 70 00－838 Warszawa | 22 395 43 24, fax: 22 395 43 95 |
| CARDIF POLSKA S. A. | Towarzystwo Ubezpieczeń na Życie Cardif Polska S.A. Nowogrodzka 11 00－513 Warszawa | 22 529－01－23, fax: 22 529－01－11 |
| D.A.S. S.A | D.A.S. Towarzystwo Ubezpieczeń Ochrony Prawnej S.A. ul. Żwirki i Wigury 18 02－092 Warszawa | 22 453－00－15, fax: 22 453－00－19 |
| EUROPA S.A. | Towarzystwo Ubezpieczeń EUROPA S.A. ul. Gwiaździsta 62 53－413 Wrocław | 71 36 92 700, fax: 71 36 92 707 |
| INTERRISK S.A. | INTERRISK S.A.Towarzystwo Ubezpieczeń S.A. Vienna Insurance Group Noakowskiego 22 00－668 Warszawa | 0 22 537－68－01 (do 03), fax: 0 22 537－68－04 (05) |
| MEDICUM TUW | Towarzystwo Ubezpieczeń Wzajemnych Medicum ul. Staniewicka 14A, 03－310 Warszawa | +48 (22) 231 85 86 |
| PARTNER S.A. | Towarzystwo Ubezpieczeń i Reasekuracji PARTNER S.A. ul. Bokserska 66 02－690 Warszawa | 22 534－56－00, fax: 22 541－81－01 (82－01) |
| PTR S.A. | Polskie Towarzystwo Reasekuracji S.A. Bytomska 4 01－612 Warszawa | 22 832－02－56 |
| TUZ T.U.W. | Towarzystwo Ubezpieczeń Wzajemnych TUZ ul. Bokserska 66 02－690 Warszawa | 022 534－56－00, fax: 0 22 432－58－55 |

续表

| 主要保险公司 | 地址 | 电话 |
| --- | --- | --- |
| WARTA S.A. | Towarzystwo Ubezpieczeń i Reasekuracji WARTA S.A. Chmielna 85/87 00 – 805 Warszawa | 22 581 – 01 – 00, 22 581 – 09 – 00, fax: 22 581 – 13 – 74 (75), infolinia 801 308 308 |

资料来源：根据波兰保险业协会网站资料整理。

## 5.3.2 保险深度、保险密度和保险支出占人均年收入比例

2012 年—2016 年，波兰的保险深度①始终处于较低的水平，且呈现保险深度越来越低的整体趋势。在 2012 年，其保险深度为 3.8%，到了 2016 年，波兰保险深度仅为 2.9%，而德国、法国的保险深度分别已达 6.2%、11.0%。2017 年，由于保险业发展滞后于其他行业，波兰的保险深度再次下降。

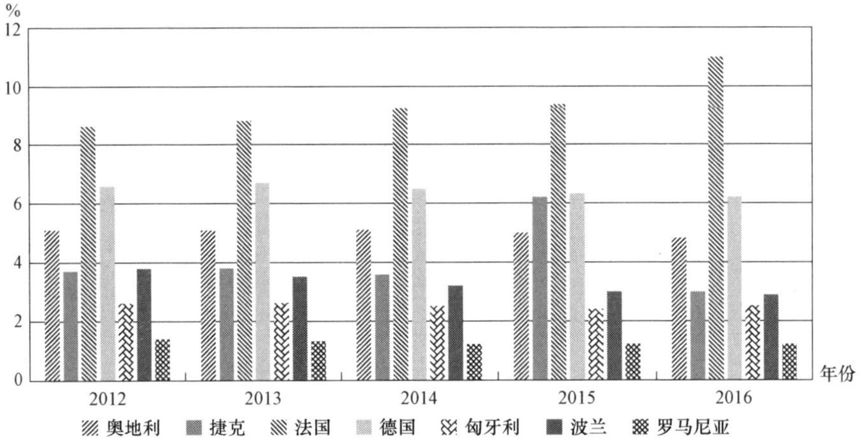


**图 5－1　2012 年—2016 年波兰和部分欧洲国家保险深度**

数据来源：中国驻罗马尼亚大使馆经济商务处。

与欧洲其他国家相比，波兰的保险密度②也处于较低水平，并且呈现逐渐下降的趋势。在 2016 年，法国和德国的保险密度分别是波兰的近 12 倍

① 保险深度是指某地保费收入占所在国国内生产总值（GDP）之比，反映了该地保险业在整个国民经济中的地位。

② 保险密度是指限定的统计区域内常住人口平均保险费的数额，标志着该地区保险业务的发展程度。

和 7 倍。

2012 年—2016 年，波兰的保费支出占人均年收入的比重也长期处于欧洲较低水平，在图 5－3 的七个欧洲国家中仅优于罗马尼亚。

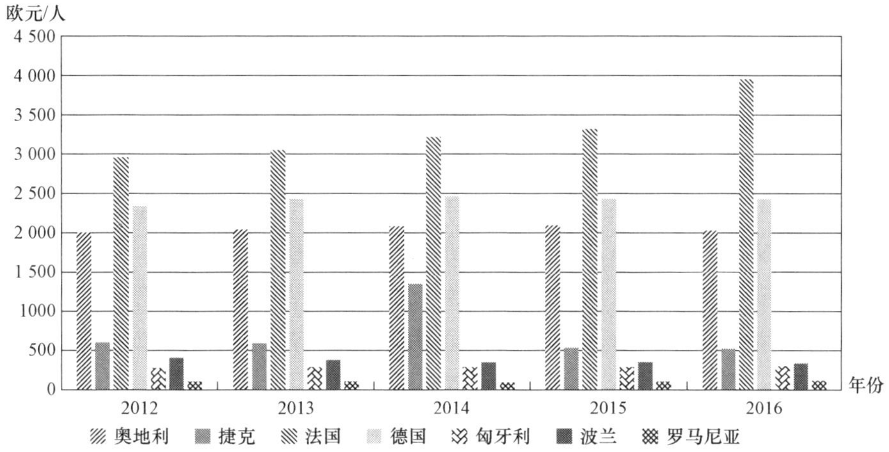


**图 5－2　2012 年—2016 年波兰和部分欧洲国家保险密度**

数据来源：中国驻罗马尼亚大使馆经济商务处。

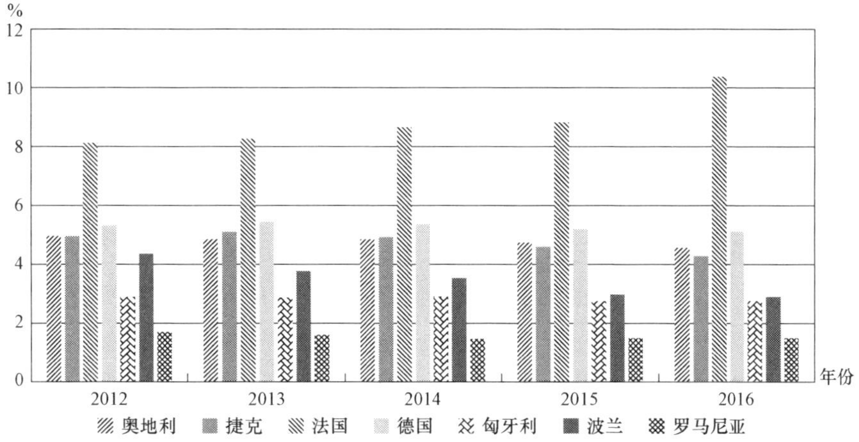


**图 5－3　2012 年—2016 年波兰和部分欧洲国家保费支出占人均年收入的比重**

数据来源：中国驻罗马尼亚大使馆经济商务处。

## 5.4 证券市场与信用卡使用

波兰于20世纪90年代初开始设立证券市场，是东欧地区证券市场起步较早的国家。波兰议会于1991年3月通过并实施《有价证券公开流通法》以后，又3次（即当年、1993年的4月和12月）修改此法，使之成为波兰证券市场的法律依据。现行《有价证券公开流通法》共有9章122项条款，规定了波兰证券市场的组织规范和运营规则。

华沙证券交易所（WSE）于1991年成立，是波兰唯一的证券交易市场，是波兰财政部一人合伙制。华沙证券交易所经营股票、期货、债券交易、投资凭证、衍生工具和期货交易，是中东欧地区仅次于维也纳证券交易所的第二大证券交易市场。华沙证券交易所的会员只能是其证券在该交易所和波兰财政部进行交易的经纪行、银行、投资基金公司、保险公司和发行人。

在股指期货交易量方面，华沙证券交易所成为继欧洲期货交易所（EUREX）、纽约泛欧交易所（NYSE Euronext）、纳斯达克OMX集团（NASDAQ OMX）之后的第四大交易所。主要指数有WIG20、WIG30、WIG50、mWIG40、WIG250、WIG-BANKI、WIG-BUDOW、WIG-CHEMIA、WIG-DEWEL、WIG-ENERG、WIG-INFO、WIG-MEDIA等。

2010年9月，华沙证券交易所本身公开发行股票，成为上市公司。2012年并购能源交易所，可进行天然气交易。截至2019年5月，共有461家企业在华沙证券交易所上市，主板国内公司312家，外国公司41家，总市值为11 451.54亿兹罗提。

在年成交量方面，华沙证券交易所在中东欧国家处于绝对领先地位。2013年，其年成交量接近530亿欧元，处于第二位的布达佩斯证券交易所年成交量不足80亿欧元，而最少的布拉迪斯拉发证券交易所年成交量只有3 900万欧元。

与其他证券市场相比，中东欧国家证券交易市场在年成交量方面的差距非常明显。2013年，中东欧国家证券交易市场成交量与世界上成交量最高的纽约证券交易所/泛欧证券交易所（美国）相差148倍，华沙证券交易所年成交量只是纽约证券交易所/泛欧证券交易所的1/200。

表 5－5　　2013 年中东欧国家证券交易市场年成交量

| 证券交易所 | 年成交量（亿欧元） |
| --- | --- |
| 华沙 | 526.29 |
| 布达佩斯 | 78.30 |
| 布拉格 | 67.24 |
| 布加勒斯特 | 11.65 |
| 索菲亚 | 6.57 |
| 萨格勒布 | 3.98 |
| 波罗的海三国 | 3.02 |
| 布鲁尔雅那 | 2.99 |
| 布拉迪斯拉发 | 0.39 |

资料来源：CEED institute, Equity Markets in The CEE region, Bulletin of Central and Eastern Europe, no.9。

在波兰，信用卡使用比较普遍，Mastercard、Visa 等信用卡都可在波兰使用。波兰部分商户已经开通了银联卡、支付宝、微信支付等业务。除此之外，中国银联卡可在花旗银行的 ATM 终端取款和余额查询，带有花旗标识的机器也可受理中国银联卡业务。

## 5.5　环保金融体系

波兰政府在经济转轨过程中，在发展生产的同时，非常重视环保问题。波兰不但成立了环保、自然资源与林业部，并根据 1989 年颁布的《环保与水管理条例》，成立了波兰国家环保与水管理基金会（以下简称“基金会”）。该基金会属于金融管理机构，受波兰环保、自然资源与林业部监督，并由该部任命与罢免基金会的管理与监督委员会成员。基金会是波兰环保项目的最大金融机构。当国家与地方环保项目的支出超出预算时，基金会可提供资金。除了传统的自然资源保护与管理外，基金会还支持有利环保项目技术的开发与引进，同时负责管理国际环保援助基金。为了吸纳外国对波兰环保项目的资金与投资，基金会还专门成立了项目组。

国家基金会、地方基金会在优惠贷款体系中的主要作用是提供贷款补助，把最优惠利率的贷款提供给地方政府的环保项目，比如：保护水与空气污染治理项目；减少二氧化碳、一氧化碳与其他有害气体排放的项目；垃圾处理以及测量仪器的制造、开发项目等。

波兰环保银行是波兰环保金融体系的一部分，属商业银行，在波兰环保领域中发挥了重要的作用。该行 1991 年正式营业，其主要任务是为波兰环保项目筹集资金并扩大其投资额、对环保现代化的项目进行贷款与投资（如对水资源的保护，有效地使用燃料能源，治理空气污染、垃圾处理，保护环境、自然资源设备的生产等）和为波兰绿色环保项目提供投资咨询业务。

波兰环保银行根据 1991 年议会通过的决议执行国家环保政策，在经济过渡时期发挥了积极的作用。在 1995 年上半年，波兰环保银行拥有 506 家股东，其中 388 家属于私人股东，国家基金会拥有约 44%的控制股。截至 1995 年 8 月，波兰环保银行自己的基金达 5 470 万美元，其中财产基金达 3 130 万美元，股票资本达 980 万美元。波兰环保银行的业务在波总金融界发展得较快。在波兰 70 家被评估的银行中，波兰环保银行排行前二十名。波兰环保银行提供优惠贷款，贷款的利率比其他商业银行低，还款期长。贷款优惠范围根据贷款单位以及国家环保项目投资政策的情况而定。该银行对绿色环保项目贷款的利率比中央银行规定的商业银行的利率低 0.2%～1.0%。波兰环保银行向大型企业和主要污染厂家提供优惠贷款，如电厂、炼油厂、石化厂以及环保仪器生产厂家、技术服务单位和城市住宅建设项目、农田废物处理设施、垃圾处理站、现代热力与照明设施的现代化项目、住宅区域隔缘系统或其他绿色环保项目等。

波兰环保银行还积极参与国际间的环保项目资金的合作，包括与世界银行的合作。波兰环保银行在波兰首先运用其资金操作运行的方法，参与国际财团与大公司的资金合作。根据 1994 年的协议，波兰环保银行参加了 GEF 基金会有关煤转气项目的合作，该国际环保实验项目耗资 2.5 亿美元。

到 2000 年，波兰环保投资额增长到 90 亿美元。波兰环保银行的客户量以及对环保的贷款有更大增加，因此波兰环保银行增加了其业务与服务范围。波兰环保银行是一些公司的主要投资商并拥有一些公司的股份。这些公司为波兰环保项目市场提供资金服务，如 EKOI EASING 公司、波兰环保银行经纪所等。随着客户量与资金的增长，波兰环保银行计划发行股票并进入华沙股票交易市场。波兰环保银行参加了联合国银行宣言的签署并在华沙签署了环保协议。

# 5.6 金融监管制度

## 5.6.1 波兰金融监管制度的发展

波兰金融监管局是成立于 2006 年的金融监管机构，经由《波兰金融市场监督法》批准同意，对波兰的金融市场进行全面监管。波兰的金融监管体制发展，也是逐渐由分离转向统一。波兰在 2006 年对金融监管体制进行改革以前，也是与我国相类似，在银行、保险和证券行业方面实行分业监管。分业监管的过程中，银行业的主要监管机构是波兰中央银行下设的银行监管委员会。证券行业的监管主要是由波兰证券交易委员会负责。保险行业的监管主要由保险和养老基金监督管理委员会负责。但是，由于波兰的金融系统较为零散，以上分散的运作模式影响了波兰在一体化金融监管格局中提高金融行业的监管水平。因此，波兰在 2006 年进行了金融监管体制改革，成为波兰由分业监管走向混业监管的开始。

## 5.6.2 银行业监管模式

波兰此前银行业的监管机构是波兰银行下设的银行监管委员会。银行监管委员会依据《银行担保基金法》，设立银行担保基金，其职能相当于我国央行。而在波兰 2006 年金融监管体制改革以后，波兰金融监管局对银行业进行统一监管，负责监管银行业主体的资质；审计财务信息和非财务信息；制定外汇汇率；监管国家银行业准备金；监控银行业风险。波兰在银行业监管方面的一体化进程，实际上是与东欧国家集中化的金融监管体系相伴随的过程，这也反映了银行业在综合性监管方面的发展进程，更是波兰在银行业监管方面逐渐由分业监管走向混业监管的体现。

波兰监管当局近年来一直致力于对其金融安全网进行构建和完善，其三大组成要素分别为审慎监管制度、最后贷款人制度和存款保险制度。这三种制度在维护手段、工具选择和方式上各具特点，互相之间具有不可替代性。相对而言，审慎监管制度属于事前管理，加强该制度的执行力度会极大降低金融不稳定的概率，避免最后贷款人制度和存款保险制度的实行所带来的过度的道德风险和逆向选择问题，并且减少事后管理的运作成本和救助费用。各国的实践经验表明，这三种制度只有相互合作才能共同达到防范和处理金融危机、保障金融稳定的目的。

构成波兰金融安全网最重要的机构包括波兰国民银行、银行监管委员会（Commission for Banking Supervision）、银行担保基金（Bank Guarantee Fund）和金融稳定委员会（Financial Stability Board）。此外，财政部（Ministry of Finance）、竞争和消费者保护协会（Office for Competition and Consumer Protection）以及支付系统（Payment System）等也为金融系统整体的稳健运营提供机构和制度上的保障。

其中，银行监管委员会作为监管部门，主要履行许可证发放、银行监管和日常行政事务管理等三方面职能。值得注意的是，自 1998 年 1 月 1 日开始，银行监管的职能在结构上正式独立于中央银行。

银行担保基金作为金融安全网建设的第三大机构银行担保基金，建立的主要目的是为了限制系统性风险的传播，保护银行客户，同时也是为了适应加入欧盟的要求。存款保险方案实行时间虽短，但目前已得到广泛认可。而且，由于银行体系在波兰金融业中占据着核心地位，同时银行市场特别容易传播系统性风险，所以银行担保基金目前已经发展成为波兰金融安全网中最为重要的担保机构和制度安排。

金融稳定委员会的任务包含以下几项：（1）评估本国金融体系的状况以及国际市场的情况；（2）确保在重要事项和趋势上成员之间合适的信息共享，这可能会潜在地影响国内金融体系的稳定性；（3）如果它们对国内金融体系产生直接威胁的话，委员会将负责协调成员之间的行动。

## 5.6.3 证券业监管模式

波兰证券行业的监管模式也在 2006 年监管体制改革以后发生了显著调整。此前证券行业的监管主体是证券交易委员会，该委员会负责授予和取消证券中介服务的权利，并负责统筹波兰证券市场稳定交易。随着证券行业监管体制改革的推进，波兰金融监管局负责监管波兰证券行业的发展概况，取代波兰证券交易委员会，由此前的分管变为统一监管，使得波兰的证券和信托行业在统一的监管体系之下运作。

## 5.6.4 保险业监管模式

波兰金融监管局负责监管波兰的保险行业，取代原有的保险和养老基金监督管理委员会。波兰金融监管局负责监管波兰的保险合同，并对养老金的运作状况进行统一监管。这是波兰主要的保险业监管模式。

# 第6章 波兰社会文化环境

## 6.1 居民与宗教

### 6.1.1 民族

波兰族是欧洲最古老的民族之一，属西方斯拉夫系。

远古时期，在维斯瓦河流域和奥得河流域居住着一群莱赫人，他们便是波兰族人的祖先。据历史考证，在9世纪末至10世纪初，古波兰族人已在这块土地上建立了自己最初级的国家组织。此后，古波兰族人的首领们不断扩张自己的势力范围。公元966年，波兰人正式建立国家，此时的波兰已成为一个多民族国家，也属斯拉夫国家中的大国之一。在随后的诸多世纪中，由于波兰贵族统治者继续推行扩张主义政策，加上波兰几度被瓜分以及第二次世界大战后的波兰疆界的变更，波兰则变成拥有10多个民族、以波兰族为主的国家。

波兰族人口占波兰总人口的比例超过98%，另有部分波兰族人分布在美国、俄罗斯、法国、加拿大、阿根廷、巴西、英国、德国、澳大利亚等地。波兰主要少数民族有德意志族、乌克兰族、白俄罗斯族、立陶宛族、斯洛伐克族、俄罗斯族和犹太族等。

### 6.1.2 语言

在波兰建国之后的三百年间，波兰的文学和史料都是用拉丁文书写的。后来，波兰语逐渐从印欧语言中的西斯拉夫语系中分离出来并自成体系。到16世纪初，波兰语日益普及，成为全民的语言。波兰语是波兰的官方语言，也是欧盟的官方语言之一，在波兰有 98%的人将波兰语作为母语使用。

**图 6-1　波兰族组图**

1945 年，波兰颁布《国语法》，规定波兰语为波兰的官方语言。

1989 年以后，特别是近些年来，波兰人逐渐崇尚外语，使用英文的店铺和招牌随处可见，人们言谈中越来越频繁地夹杂不规范的外来语，日益增多的不文明的外来语词汇也充斥在波兰语言中间。为防止波兰语言被异化，波兰议会于 1999 年 8 月通过《波兰语言法》，以替代 1945 年颁布的已不适合当前形势的波兰《国语法》。

《波兰语言法》于 2000 年 5 月 9 日正式生效。该法规定，波兰语是波兰的官方语言；所有让本国公众知晓的信息都必须用波兰语发布；波兰所有参与公共生活的行政机构、组织和团体都必须注意使用正确的波兰语，不得随意简化。根据该法律，自 2000 年 5 月 9 日起，波兰各种商品的名称和说明书、服务业的名称等都必须使用波兰语。各种张贴的布告以及各类广告的外文名称都必须改用波兰语。进口商品的外文说明书、保险单、收据和发票等应附有波兰文。在波兰实施的合同必须有波兰语文本。波兰新闻出版单位以及广播和电视的播音员应该正确使用波兰语言。

2005 年 1 月 6 日，波兰颁布实施《全国少数民族、外来民族及边远地区语言法》。除了波兰语外，有 16 种少数民族语言得到了官方的正式认可，包括外来少数民族语言，如白俄罗斯语、捷克语、德语、犹太语、立陶宛语、俄语、斯洛伐克语及乌克兰语；本国少数民族语言，如卡拉伊姆语、卡舒比语、卢森尼亚语、罗马尼亚语和鞑靼语等。

## 6.1.3 宗教

波兰共有 37 个教会组织和宗教团体。波兰 95%的人口信奉天主教，其中有 75%依然忠实虔诚地遵守天主教的传统习俗。虽然历史上曾征服波兰的普鲁士（新教路德会）和俄国（东正教）都企图压制天主教，但这反而坚定了波兰人对天主教的信念。波兰其余 5%的人口信奉东正教、路德派信教、犹太教、伊斯兰教、佛教等。

天主教教徒恪守教规，习惯佩戴十字架项链等饰物，忌讳数字 13。教会在波兰等影响力很大，前罗马教皇约翰－保罗二世被波兰人视为民族的骄傲。2014 年 4 月，保罗二世被罗马教廷认定为“圣人”。圣诞节是波兰人最重要、最喜爱的节日。在波兰，外国人要尊重当地居民的宗教信仰，尊重罗马天主教的习惯，最好不要在 13 日和星期五为同一天时举行礼仪性活动，因此，绝对不能拿宗教开玩笑。

## 6.1.4 居民

1. 收入

2017 年，波兰国民经济各部门的人均月工资为 4283.7 兹罗提（约 1 134 美元），工业部门企业职工的月平均工资为 4 365.8 兹罗提（约 1 156 美元）。2017 年，人均住房面积 27.8 平方米；2017 年，全国有医师 90 284 名，牙医师 13 331 名，药剂师 29 330 名，护士和助产士 216 442 名，每千人有病床 4.82 张。2017 年，人均月消费 1 176.4 兹罗提（约 311 美元），其中食品（含非酒精饮料）、衣物、文娱、教育方面花费分别占个人总消费的24.3%、5.3%、6.9%和0.96%。

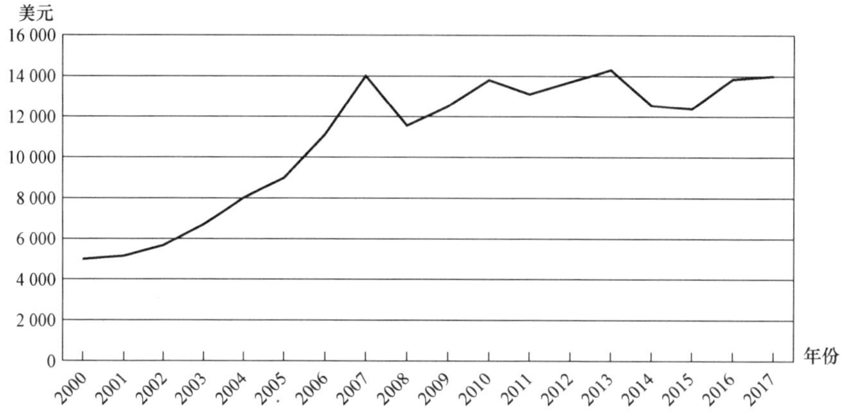


**图 6-2　2000 年—2017 年波兰人均 GDP**

资料来源：World Bank 数据库。

波兰正在追赶与欧盟在薪酬水平上的差距，但任务艰巨。根据欧盟国家在2014 年—2016 年的平均工资水平，设定波兰的工资增长率为4.53%，德国为2.17%，有些国家高一点，有些国家低一点。模拟测算结果表明，波兰的工资水平可以在 2023 年赶上葡萄牙，在 2024 年追上希腊，在 2027 年追上马耳他和斯洛文尼亚，追上西班牙要 19 年，追上意大利要 23 年，在 2053 年可以追上欧元区的平均水平，追上德国要到 2077 年。

波兰中央统计局表示，2018 年，波兰国民经济中人均月收入达 4 585 兹罗提，名义和实际人均月收入同比增长达 7%和 5.3%，是 2008 年以来的最高增速。波兰企业家联合会（Federation of Polish Entrepreneurs）首席经济师表示，上述工资数据涵盖所有经济主体，包括雇用 10 人以下的公司，统计了总计约 950 万雇员的薪资，因而更具代表性，可以表明动态工资增长实际贯穿整个市场。2018 年底，波兰公司平均工资达到 4 863.74 兹罗提（约 1 127 欧元）。波兰 2018 年 6 月的平均毛工资为 4 848 兹罗提（约 1 140 欧元），税后为 3 450 兹罗提。但 10 人以下的小公司的平均工资才为 2 577 兹罗提，税后 1 860 兹罗提。捷克、匈牙利与波兰基本处于同一水平，而德国的平均工资为 3 700 欧元，丹麦为 5 200 欧元。2019 年1 月起，波兰的最低工资将达到 2 250 兹罗提，最低时薪为 14.70 兹罗提。据波兰中央统计局有关波兰劳工部编制的数据，波兰约有 150 万人领取最低工资。

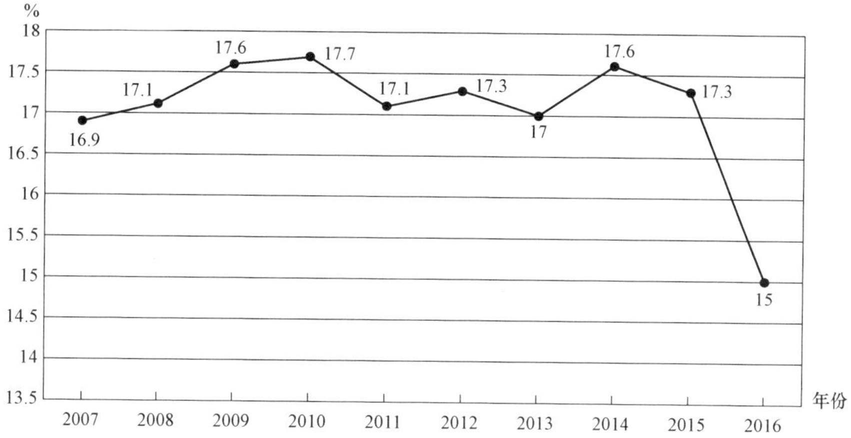


**图 6-3　波兰国家贫困线以下人口占总人口的比重**

资料来源：wind 数据库。

## 2. 通货膨胀和失业

**表 6-1　波兰 2014 年—2018 年各季度 CPI**（通货膨胀 CPI：整季上期=100）

| 时间 | CPI |
|---|---|
| 2014 第一季度 | 100.2 |
| 2014 第二季度 | 100.00 |
| 2014 第三季度 | 99.50 |
| 2014 第四季度 | 99.60 |
| 2015 第一季度 | 99.50 |
| 2015 第二季度 | 100.50 |
| 2015 第三季度 | 99.60 |
| 2015 第四季度 | 99.70 |
| 2016 第一季度 | 99.30 |
| 2016 第二季度 | 100.50 |
| 2016 第三季度 | 99.70 |
| 2016 第四季度 | 100.70 |
| 2017 第一季度 | 101.10 |

续表

| 时间 | CPI |
|---|---|
| 2017 第二季度 | 99.80 |
| 2017 第三季度 | 101.10 |
| 2017 第四季度 | 100.40 |
| 2018 第一季度 | 100.50 |
| 2018 第二季度 | 100.00 |
| 2018 第三季度 | 100.00 |
| 2018 第四季度 | 100.20 |

资料来源：wind 数据库。

2018 年波兰经济增长率为 5.1%，2019 年波兰 GDP 增速降低至 3.6%，2020 年为 3%，2021 年—2023 年继续放缓至 2.8%。国际货币基金组织（IMF）经济学家预测，外部需求疲软和“供应瓶颈”将拖累波兰经济增长。在经济增长疲软、收入较高的欧盟国家开放劳动力市场的情况下，外国移民速度将会放缓。从长远来看，工作年龄人口减少，私人投资受抑制和劳动生产率的降低将使经济增长率在 2023 年降至 2.8%左右。

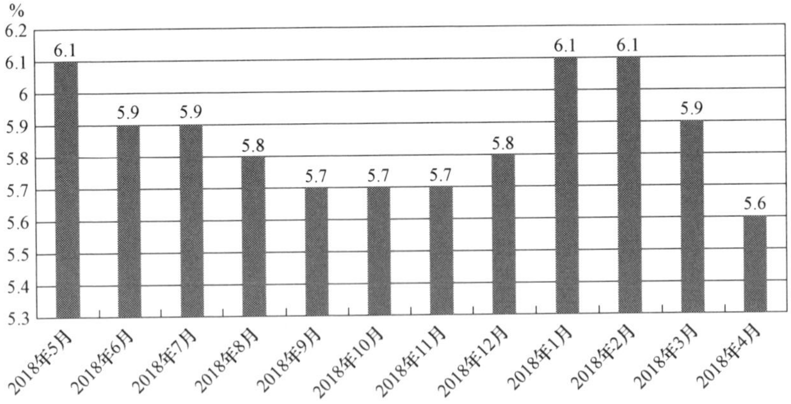


**图 6-4　2018 年 5 月—2019 年 4 月波兰失业率**

资料来源：trading economics。

# 6.2 日常生活与社交

## 6.2.1 饮食

波兰人的饮食习惯与其他东欧国家大致相似，但波兰坎坷的历史，加上僧侣、商人等特殊饮食习惯，使得波兰饮食同时具有法国、意大利和犹太特色。波兰人以肉类、马铃薯和油为主食，淀粉类食物吃得不像捷克人那么多，料理也不像匈牙利或比利时那么辣。波兰人以西餐为主，也喜欢日餐和中餐。具体地说，他们爱吃烤、煮、烩的菜肴，口味较淡。波兰鱼（煮鱼带蛋沙司）和波兰（冷）红菜汤备受欢迎。

波兰人十分好客。在请客吃饭时，波兰人有不少讲究：一是在吃整只鸡、鸭、鹅时通常要由在座的最年轻的女主人亲手操刀将其分割开来，然后逐一分到每位客人的盘中；二是不论饭菜是否合乎自己的口味，客人都要争取多吃一点，并对主人的款待表示谢意；三是不能强行劝酒干杯，不能用自己的餐具给别人夹菜；四是不能口中含着食物讲话，否则会被视为很粗鲁的行为。

波兰人普遍喜爱酒吧，习惯在饭前饮烈性酒，饭后饮甜酒，且酒量很大。波兰人也喜爱喝咖啡、红茶。不过，他们喜爱喝淡茶，并要在红茶里放一片柠檬。

波兰传统烹饪为十分讲究的法国人所称道。波兰烹饪地区性明显，在北部，有很多菜以鱼为主；在中部，有很有名的汤菜流传；在南部，有酸白菜汤和羊奶做成并熏黑的干酪。大部分波兰菜肴不加化学添加剂，用纯自然的方式做成，有些大师可以做出世界绝无仅有的神奇菜式，如用龙虾黄油配芜箐甘蓝做成的蛋糕，麋鹿肉用山楂叶子作配菜。

图 6-5　波兰蔬菜炖

波兰伏特加（wodka）在全世界享有盛誉，精品伏特加（wyborowa）、牛草伏特加（zubrowka）、高级伏特加（luksusowa）和贝尔维德尔伏特加（belvedere）的牌子几乎在任何地方都是响当当的。历史记载中，古老的波兰特产酒饮料的生产先是啤酒、蜂蜜酒（okowita）、波兰烧酒“帕利科托夫卡”（palikotowka）（旧称生命之水烈酒），之后才是伏特加酒。

波兰烧酒“帕利科托夫卡”是一种被称为生命之水的烈酒，根据卢布林地区雅布沃纳（jablonna）保存的古老波兰配方酿成。以谷物为基础的生命之水在橡木桶里沉淀，时间越长，该酒酿成后就会更加醇香。精选辅料核桃和葡萄干萃取物，使得这种伏特加气味芬芳、味道细腻、口感润滑。波兰烧酒“帕利科托夫卡”是鉴赏家值得一尝的酒。

在加了香味和香草精的伏特加中，最受欢迎的当属牛草伏特加，俗称牛草酒，它由精选精馏酒精制成。品酒专家很看重其超凡的芬芳和味道，因为每瓶酒中都添加了野牛草叶片，野牛草使得酒的颜色变得淡黄，酒的味道更加芬芳浓郁。这种草只在波兰的比亚沃维耶斯基森林中生长。

**图 6－6　牛草伏特加**

在饮食禁忌方面，波兰人一般都忌食动物内脏（肝、牛肚除外），也不太喜欢吃动物身体的一些特殊部位，如舌头、蹄爪、尾巴等。波兰人喜爱猫狗，故对食用它们的肉的行为非常反感，甚至提出抗议。波兰人对海鲜不太了解也不甚感兴趣，但虾类较受欢迎。

## 6.2.2 社会交往

波兰人举止优雅，语言文明，彬彬有礼。同外人打交道时，波兰人对称呼极为重视。对于男士，波兰人称 pan（先生），对于妇女，他们则称 pani（女士）。

在社交场合问候他人时，波兰人会以“您”相称，只有在双方关系十分密切时才称“你”。

按照波兰人的习惯，任何人在交际场合被介绍给他人之后，必须主动同对方握手，同时要报上自己的姓名，不然即被视为失礼。在波兰，最常用的见面礼节有握手礼和拥抱礼。在波兰民间，“吻手礼”亦十分盛行。通常情况下，“吻手礼”的行礼对象应为已婚妇女，行礼的最佳地点应为室内。在行礼时，男士应双手捧起女士的手象征性地轻吻一下其指尖或手背。

按照波兰的礼俗，各种正式场合男士均宜穿保守式样的西装，女士着套裙。逢重大活动，则常在请柬上注明对来宾着装的要求。出席音乐会等高雅艺术演出时，服装应整洁得体，一般来讲均应着正式服装，不能穿休闲服和休闲鞋。去音乐厅、歌舞剧院等公共场所，必须讲究衣着与装束，如穿着礼服，而不穿牛仔服和运动衣等。在室内，男士必须脱帽，否则会被视为不懂礼貌。

波兰人尊重女性。男子路遇女子打招呼问好时，一定要脱帽；男士与女士一道进出门或走路时往往让女士先行；如道路崎岖难行，男子应主动搀扶女子；在餐桌上吃东西，女子优先，男子应主动为女子斟酒。

波兰人个人的节日有生日、结婚纪念日和命名日。波兰人视命名日如同生日和结婚纪念日一样重要。去祝贺波兰人的命名日或生日时，应带些价值不高的小礼物，如一束鲜花、一瓶香水、一本有纪念意义的画册等。

波兰人在人际交往中比较喜欢请客吃饭。不论饭菜是否合自己的口味，客人都要争取多吃一点，并要对主人的款待表示谢意。就餐时应避免刀叉碰撞发出声音，喝汤时不要发出吮吸声，也不要含着食物讲话。

波兰与欧洲许多信奉天主教的国家一样，有不少禁忌。波兰的天主教徒每星期五不吃猪肉。据说，星期五是耶稣被钉死在十字架上的受难日。波兰人也比较忌讳 13 这个数字，忌在 13 日、星期五举行任何礼仪性活动。在波兰，人死后不实行火葬而实行土葬。

与波兰人交往时，需要特别注意四个问题。第一，波兰人的民族自尊心极强，与其交谈时若提及波兰的伟人及他们对世界文明的贡献则最令波兰人开怀，不要谈及令他们感到屈辱的历史。第二，波兰人很介意待人的礼数，尤其是去拜访时应事先相约，贸然到访属不礼貌行为，甚至会被拒绝见面。无论是商务还是私人约会，一定要准时。第三，波兰人喜欢动物，最喜欢被定为国鸟的白鹰。第四，注意对方的宗教习俗。

### 6.2.3 节日

波兰实行每周五天工作制。在波兰，一年当中有许多节日，其中最重要的节日有：

新年：1月1日。

三王节：1月6日。

复活节：4月的第一个星期日及翌日为复活节。复活节的前一天（星期六），为准备耶稣的复活，人们便开始忏悔、赎罪，并带着小羊形状的饼或蛋糕、火腿，以及新鲜的面包去请神父“降福”复活蛋（绘制彩蛋），准备复活节丰富的早餐。

复活蛋象征生命，表示耶稣的复活，如同婴儿诞生一样。复活节第一天早晨（星期日早晨）是非常重要的时刻，每个家庭都要在一起吃神父“降福”的复活蛋。复活节第一天（星期日）正式作弥撒；弥撒开始前，由神父降福棕榈树枝。波兰人相信棕榈树会带来好运、健康、财富和万事如意，所以他们随后将棕榈树枝带回家中并把它放置家中一年，以表示天主的爱带来平安与喜乐。复活节第二天（星期一），人们互相往身上泼水，尤其男孩会把大量的水泼向女孩（现在大多改用香水洒向女孩），以表示喜欢与带来好运。此外，在复活节，一些波兰人还喜欢演示耶稣往加尔瓦略山所走的路线，尤其着重表演耶稣受折磨的痛苦样子；很多地方仍仿照圣山的模样，再一次“体验”耶稣为人受苦并被钉死的滋味，以此让后人永远纪念耶稣所受的苦难。当然，许多波兰人也利用复活节假日走亲访友，或在家举行聚会，纵情欢乐。

图6-7 波兰复活节早餐

国际劳动节：5月1日，放假1天。

国庆节：5月3日，放假1天。1989年东欧剧变前，7月22日为国庆节（1944年7月22日人民政权建立）；1991年4月5日，波兰议会通过一项法案，将波兰共和国国庆节改为5月3日。

图6-8　波兰国庆阅兵

华沙起义纪念日：8月1日，以纪念1944年8月1日华沙军民发动的反法西斯德国的武装起义。

圣母玛利亚升天节：8月15日（亦称圣母升天节）。

建军节：8月15日。东欧剧变前，10月12日为波兰人民军建军节（1943年9月1日，在苏联成立的波兰第一步兵师开赴前线，并于10月12日在苏联境内首次同德军交战。因此，人民政权建立后即将这一天定为波兰人民军建军节）。1990年，波兰人民军更名为波兰军队，并改定8月15日为波兰军队建军节。

教师节：10月14日。

万圣节：11月1日（亦称扫墓节）。这一天，人们祭奠亲友亡灵。

图6-9　波兰万圣节

基督圣体节：日期不固定，一般在 6 月的某个星期四。

独立节：11 月 11 日。被连续三次瓜分后，波兰于 1918 年 11 月 11 日重新获得独立。20 世纪 90 年代初，波兰将此日定为独立节。

图 6-10　波兰独立节游行

圣诞节：12 月 25 日（假期一般延续到元旦）。圣诞节是波兰最重要的节日之一。圣诞节来临之际，家家户户都要装饰圣诞树，圣诞树上挂满各种装饰品。节日里亲友之间相互祝贺，互赠礼品，表示友好。晚餐为圣诞大餐，很丰富。在圣诞晚餐上，通常有十二道代表不同月份的餐点。人们不能吃肉，不吃火鸡，而只吃鱼，通常是鲱鱼和鲤鱼。除了鱼，圣诞晚餐上还有罗宋汤和一种在欧洲非常流行的德式泡菜。吃饭时，桌布下边要摆放一些草，以示耶稣的降生。

图 6-11　波兰三王节

夜间12时后，全家人去教堂礼拜。唱圣诞歌和举行“圣诞马厩大赛”应该算是波兰圣诞节最有特色的传统活动。波兰人唱圣诞歌时，更能显示其温柔、诙谐的个性。波兰的圣诞歌分为三种，一种为宗教式的圣诞歌，其他两种则分别是来自新约圣经的传奇式圣诞歌和虚构的圣诞歌。在“圣诞马厩大赛”上，有艺术家的作品，也有业余爱好者的作品，而所有参赛的作品即圣诞马厩模型都是手工制作，并且是在圣诞节前由各地评审选出的最佳作品。它们被放置在教堂或其他场地供人们参观。虽然耶稣不是在波兰诞生的，但波兰人对圣诞马厩情有独钟，以示对耶稣的感念。

# 6.3 基础设施

2015年底大选后，新上台的执政党对政府机构进行了较大调整，撤销经济部，设立投资与发展部，与财政部、能源部等部门共同负责对包括基础设施发展在内的国民经济政策协调；增设海洋与内河航运部，负责包括港口、码头及相关辅助设施建设在内的海洋事业发展；保留原有的基础设施与建设部，其主要职责是制定和实施国家可持续发展、区域规划及与欧盟融合发展等政策，管理来自欧盟的交通基础设施资金以及与其他部委合作实施国家发展战略。此外，波兰道路和高速公路局主要负责公路领域建设；波兰铁路公司主要负责铁路的现代改造、维护和运营。

2015年7月，基础设施与建设部启动新一轮2014年—2020年“才智发展”项目立项遴选。计划投资进行研发相关基础设施建设的公司均可参与立项竞标，总投资额达4.6亿兹罗提。“才智发展”项目旨在激发波兰经济创新性，主要任务之一为支持创新性企业发展，也包括推动商业与科技合作，是欧盟2014年—2020年第二大投资项目，目前在波兰已进行了4届遴选，共投资33亿兹罗提。

## 6.3.1 交通

波兰政府将交通基础设施发展作为落实社会和经济发展五大支柱的基础，并提出设计制造城市公共交通工具，包括低碳交通工具，如地铁、地区铁路、华沙—罗兹快铁等项目。2014年—2020年，波兰将获得820亿欧元欧盟资金，其中很大比例投入基础设施领域，预计未来将不断推出公路、铁路、电站、输变电、房建等各领域新项目。如优先考虑高速公路和快速路建设，计划在2020年前建成7 200千米的高速公路和快速公路网络，其中高速公路约2 000千米；建设集装箱码头、深水港区以及内河航道等项目。2016 年 6 月，在习近平主席访问波兰期间，双方就加强“一带一路”倡议和波方“可持续发展计划”对接达成共识，中波签署了《关于加强物流基础设施投资合作的谅解备忘录》，加大物流基础设施投资合作，为在波兰开展物流基础设施投资合作提供了机遇。

1. 公路

截至 2016 年底，波兰共有硬面公路 29.43 万千米，国道 1.94 万千米。据波兰基础设施与建设部统计，2016 年底，波兰公路总长度 42.02 万千米，其中 95.4% 由地方政府管理，省级公路 2.89 万千米，地区级公路 12.49 万千米，市级公路 24.7 万千米。常规公交线路，国内 14 608 条，总长 75.4 万千米；国际 100 条，总长 12.61 万千米。过去几年，波兰道路交通网络的发展取得了突飞猛进的发展。2003 年—2016 年，波兰建成高速公路和快速公路总长达 3 488.85 千米。截至 2016 年 9 月，波兰有超过 1 646.05 千米的高速公路和超过 1 832.8 千米的快速公路，允许车辆以超过 110 千米/小时的速度行驶。作为连接东西欧的枢纽，波兰的地缘优势显著，横贯欧洲大陆的 A2 高速公路是波兰高速公路主干网的重要组成部分，波兰政府正在加紧建设南北走向的 A1 高速公路，以打通连接波罗的海国家和中欧国家的交通走廊。

波兰政府将公路基础设施建设作为经济发展最重要的战略之一，主要目标包括：发展高速路和快速路；与地方政府合作发展地方道路及与国道和省道的连接；通过建立城市环路系统，减少过境货车对于城市交通的影响；发展交通安全基础设施；发展创新科技解决方案以使交通流量最大化并消除拥堵。根据《2020 年交通发展战略及 2030 年展望》及《2011 年—2015 年公路建设规划》，波兰投入 203 亿欧元用于新建和改造相关道路。其中，波兰东部公路建设地位突出，尤其是改善比亚韦斯托克、卢布林两大城市与华沙之间的公路状况，对提升东西欧国家间的运输基础设施质量至关重要。波兰政府优先考虑高速公路和快速路建设，将更广泛地采用公私合营（PPP）等方式建设新的高速公路，计划在 2020 年前实现加入欧盟时的承诺，最终将建成 7 200 千米的高速公路和快速公路网络，其中高速公路约 2 000 千米。波兰政府通过了《2023 年国家道路建设计划》，其目标是完善波兰国家道路交通网，并将连接主要城市的公路运行时间降低 15%。其中不仅将包括波兰 2023 年前的公路建设项目清单，还将涉及对道路交通安全的投资。根据计划，国家道路基金每年投入 3～6 亿兹罗提用于消除事故多发地的安全隐患。波兰国家银行从欧洲投资银行（European Investment Bank）获得 34 亿兹罗提的长期贷款用于道路基础设施建设。其中，5.5 亿欧元用于波兰西部地区 S5 快速路部分路段的建设，2.5 亿欧元用于建设华沙市内 Pulawska 到 Lubelska 街支路。此外，波兰还有望在该项目下获得另外一项用于在华沙新建一座跨维斯瓦河大桥的贷款。波兰新政府出台的《负责任的发展计划》提出促进东波兰地区发展，包括建立基本的基础设施，特别是比亚韦斯托克—卢布林—热舒夫 S19 快速路。

自加入欧盟以来，波兰采用凝聚力政策基金，基础设施投资加快。2014 年—2020 年，波兰从欧盟预算中获得 825 亿欧元的凝聚基金，投入欧盟预算的关键道路。根据 2014 年—2023 年国家道路建设方案，波兰政府将花费 1 070 亿兹罗提用于建设 3 900 千米的高速公路和 57 条新的环形路。主要目标是完成波兰的道路网络，连接主要城市，将其间的路程时间减少至少 15%。这也将进一步改善道路交通安全。主要高速公路建设包括：连接克拉科夫与格但斯克的 S7 公路；连接三联城和波兰南部边界的 A1 高速公路；连接什切青和三联城的 S6 公路；连接华沙、卢布林和热舒夫的 S17 和 S19 公路；连接彼得哥什、波兹南和弗罗茨瓦夫的 S5 公路；连接彼得哥什、托伦和弗罗茨瓦夫的 S10 公路。各项目将分为 20～30 千米的分项目招标，有外国建筑商参与投标。

2. 铁路

据波兰统计局数据，2016 年，波兰铁路网长度达 1.91 万千米（其中全国重要线路 1.24 万千米），比上年减少 99 千米。PKP 网络缩短 81 千米（全长 1.88 万千米），其他实体管理的铁路网络缩短 18 千米，达到 275 千米。电气化线路占标准铁路和大型铁路线路总长度的 62.1%。截至 2016 年，512 千米的轨道实现现代化，其中 247 千米的轨道调整为 120～160 千米时速。在铁路网上有 1 414 个车站，其中有 394 个中转站和 642 个现役火车站。适合残疾人的车站数量从 2015 年的 384 个增加到 2016 年的 406 个。2017 年，波兰铁路客运乘客数量 3.04 亿人次，同比增加 3%；货运量 2.4 亿吨，同比增加 8%。

波兰是跨欧洲铁路运输网络（TEN-T）的重要组成部分，现有 4 条国际铁路运输走廊途经波兰。其中两条位于欧盟境内，一条从波兰格但斯克港向南延伸至地中海，另一条从荷兰经德国、波兰至波罗的海三国。另有两条分别经白俄罗斯、乌克兰，再通过俄罗斯连接亚洲各国，渝新欧、蓉欧等中欧铁路货运班列即使用此线路。客运方面，波兰连接西方主要使用的线路是由奥德河畔法兰克福经波兹南至华沙，其中运营有柏林—华沙的欧洲城际列车，每天对开 4 班。在华沙—布列斯特—明斯克—莫斯科的线路上有 2 条分支可分别通往拉脱维亚首都里加、立陶宛首都维尔纽斯及乌克兰首都基辅。再往南，由西至东的过境路线从科特布斯

（过境福斯特）经扎甘、弗罗茨瓦夫、卡托维兹和克拉科夫通往乌克兰边境普热梅希尔，这条线路运行有汉堡—克拉科夫的欧洲城际列车。由德累斯顿经格尔利茨/兹戈热莱茨至弗罗茨瓦夫并有支线通往文格利涅茨的线路主要担当德国与波兰间的铁路货运任务，并提供德累斯顿—弗罗茨瓦夫快车。2015 年，波兰国家铁路公司支出近 2.98 亿兹罗提用于车站的现代化改造，并将 51 个车站和 240 千米轨道线路划给地方政府，建成了彼得哥什和索波特新车站。

目前，波兰仅在首都华沙有 2 条地铁线路，全长 18.7 千米。其中，1 号线为南北走向，全长 12.6 千米，沿线设 12 个站点，1995 年部分开通，2008 年 10 月全线投入运营。2 号线为东西走向，2015 年 3 月部分开通，全长 6.1 千米，并设 7 个站点。有轨电车是波兰城市交通的重要组成部分。早在 19 世纪末期，格但斯克、卡托维茨等城市已应用此交通工具。目前，华沙、克拉科夫等主要城市均建立了有轨电车交通系统。例如，华沙现有 37 条有轨电车线路，总里程约 120 千米。

3. 空运

波兰现有 13 个国际机场，其中 12 个为地区级空港，重要空港位于华沙、克拉科夫、格但斯克、波兹南、弗洛茨瓦夫和卡托维茨。根据欧盟统计局数据，2016 年，波兰航空货运总量为 10.79 万吨，旅客吞吐量为 3 226.67 万人次。2014 年，波兰共开通航线 103 条，其中国际航线 91 条，通航国家（地区）41 个，通航城市 70 个。国内航线 12 条，连接 10 座城市。华沙直飞北京航线恢复通航，飞行时间约 9 个小时。近年来，波兰对空港基础设施和航空地面设施，特别是对导航设施进行了扩建和现代化改造。2008 年，华沙机场新航站楼启用，每年旅客吞吐能力可达到 1 000 万人次。其他 7 个 TEN-T 跨欧洲交通网上的机场，包括波兹南、什切青、弗罗茨瓦夫、格但斯克、热舒夫、克拉科夫、卡托维兹也正在进行扩建和现代化改造，将新建 5 座航站楼，改造停机坪，对跑道和滑行道进行现代化改造，建设有轨电车道，并采购相关车辆等。

航空运输是波兰综合交通体系的重点之一，主要目标包括：增加现有机场的吞吐量，以确保航空市场参与者有效地提供服务；有效发展支线机场，特别是东部和西北部地区；提高空运在联合运输中的份额；通过执行“单一欧洲天空计划”（Single European Sky）增加空域容量；确保波兰航空市场适当发展。波兰将通过建设货运基础设施并确保其与公路和铁路的连接来实现此目标。波兰发展部最新提出在华沙以西的马佐维亚建设吞吐量 4 500 万人次的中央机场，投资额约 31 亿欧元。波兰政府正在为波兰国家航空公司 LOT 寻找投资者，波方有意与中国在开发远东和欧洲航空市场方面开展更紧密的合作。

图 6－12　华沙机场

图 6－13　克拉科夫机场

图 6－14　波兹南机场

4. 水运

在波罗的海沿岸，有许多为国际货运和客运行业提供服务的大型深水海港。它们服务的对象包括大型船只以及连接波兰和斯堪的纳维亚半岛的 UnityLine、Polferries 与 Stena Line 轮渡公司的滚装客运轮渡。

什切青–希维诺乌伊希切和格丁尼亚的港口抓住了新的市场机会，例如，2013年，波兰 DCT 港口迎来了世界最大集装箱货船入港。2012 年，波兰的港口共处理了 700 万吨货物。Riverine 公司的船舶在波兰国内沿海航线和波兰近 3 812 千米可通航河流以及运河上运行。波兰最著名的运河是多瑙河—奥得河和埃尔布隆格运河。

根据欧盟统计局数据，2016 年波兰港口处理海运货物总重量为 7 292.6 万吨。截至 2015 年底，波兰拥有货船 102 艘，远洋船 7 艘，渔船 875 只。主要港口包括格但斯克、格丁尼亚、什切青、希维诺乌伊西切、波利采、科沃布热格等，全年到港船只为 18 169 艘，港口总货物吞吐量为 6 952.9 万吨。各港提供服务有所侧重：格丁尼亚为北波罗的海最大集装箱港口，格但斯克海港是波罗的海最大石油中转码头之一，什切青—希维诺乌伊西切海港组为波兰最大轮渡码头，其他地区级港口如科罗布塞格、达尔沃夫、埃尔布隆格主要发挥旅游和渔港的作用。

**图 6–15　格但斯克港**

根据欧盟统计局数据，2016年，波兰内河货物量达391.1万吨。2014年年底，波兰有内河航道里程3 655千米，货运量达279.6万吨，占所有货运量的0.4%。奥德河及其支流是内河航运的主航道，奥德河水道位于TEN-T跨欧洲交通网上，主要为什切青和希维诺乌伊西切两个港口提供航运服务。由于内河航运环保性强，近年在波兰运输中的作用日益提高。

波兰拟从以下三个方面对海运发展予以引导：（1）发展港口的陆上和海滨基础设施；（2）加强港口的经济作用；（3）提高海上客运、货运在运输链的重要性。为此，波兰政府将采取以下行动：扩建现有深水码头设施，提高现有设施的装卸能力，加强波兰与世界的海运联通；开辟包括公路、铁路及内陆航运在内的与海运港口连接的内陆运输“走廊”；扩建现有港口设施，实现以下目标：（1）提高能源安全并执行欧洲能源政策（如2014年完成对希维诺乌伊希切港液化天然气码头的改造）；（2）调整海运港口，满足市场需求（2020年前，完成对深水集装箱码头的改造）；（3）降低环保压力（加强废物管理）。波兰投资与发展部最新提出建设格但斯克外港深水集装箱码头及格但斯克港和格丁尼亚港仓储物流园区。波兰海洋经济及内河航运部也在研究内河航运业发展战略，推进在维斯瓦河沙嘴建设运河的项目。该工程耗资8.8亿兹罗提，计划2022年完工。这一计划不仅意味着在埃尔布隆格（Elblag）建设新的海港，使大型船只不必绕道俄罗斯加里宁格勒地区的波罗的斯克海峡（the Strait of Baltiysk），对波兰来说也具有重要的战略意义。

图6－16　格丁尼亚港

总体而言，波兰各港口的基础设施条件并不令人满意，轮船进出港时间较长，不仅降低了效率，而且增加了服务成本。格但斯克港将获得欧盟基金支持，总额达 5 亿兹罗提（约 1.19 亿欧元），主要用于基础设施升级改造，包括港口航道和泊位的现代化改造、导航系统升级，以及与港口相连的公路和铁路扩建。欧盟基金支持金额占项目总成本的 85%。

图 6－17　什切青港

## 6.3.2　通信

根据波兰电子通讯社报告，2015 年年末，电信行业总市值达 395 亿兹罗提，与上一年相比增长 0.11%。互联网服务收入增幅最大，达 58%。波兰人越来越多地使用互联网和手机。波兰电信市场正在逐渐接近西欧市场。

1. 电话

截至 2016 年底，波兰有线电话共 475.9 万部，其中私人电话 334.0 万部；城市 383.6 万部，农村 92.3 万部，有线电话覆盖率为每千人 12.4 部，在欧盟中排名靠后。近年来，固网用户数量有所减少，主要原因是来自移动电话的竞争，以及安装和使用有线电话成本仍较高。波兰境内最大的有线电话运营商是波兰电信股份公司，拥有 83%以上的固定电话用户。该公司已经对网络设备进行了升级改造，目前主要电话交换机都使用光纤网络数字交换机。城市间和国际长途业务运营商还有 Tele2 和 Netia。波兰移动电话发展迅速，移动网络几乎覆盖全国。2000 年—2015 年，波兰移动用户数量从 674.8 万增加到 5 625.4 万，2015 年，手机普及率为 147.2%。三大手机运营商为 T-mobile、Orange 和 Plus。2016 年，波兰移动电话用户为 5 478.1 万，据 ITU 统计的数据为 5 587.9 万，每百人用户量为 146，在欧盟国家中居第四位。

2. 互联网

波兰电信发展非常重视改善固定线路和移动数据传输服务，包括宽带和第四代移动电话服务，通讯业入网服务增长迅速。2015 年，92.7%的公司连接互联网，其中 91.9%使用宽带。61.5%的企业使用移动宽带。65.4%的企业拥有自己的网站。77.9%的家庭至少拥有一部电脑，75.8%家庭使用互联网。由于安装成本和上网价格大幅降低，上网人数不断增加。旅游景点、酒店、办公楼、饭店、咖啡厅等开通无线上网接入点的数量逐渐增加。波兰的互联网市场价值为 50.7 亿兹罗提。市场份额最大的是 ORANGE 公司，该公司为波兰 30%的互联网用户提供服务。据波兰统计局数据，2016 年，波兰的互联网用户数量为 655.3 万（不包括手机网络和光纤服务<FTTH>），41.4%是通过电缆调制解调器接入方式，xDSL 线路方式占 38.1%。

3. 电信

2014 年—2020 年，波兰国家宽带发展计划的主要目标是发展电信基础设施网络，刺激对高流量服务的需求，保证建立覆盖波兰全境的宽带网络。该计划和欧盟数字化局的目标要求保持一致，欧盟数字化局具体目标为：（1）到 2020 年底，保证普通互联网速度在 30Mb/s 以上；（2）到 2020 年底，50%以上家庭互联网用户可以获得速度在 100Mb/s 以上的互联网服务。据波兰行政与数字化部（Ministry of Administration and Digitalization of Poland）估计，波兰建设高速宽带互联网基础设施费用为 173 亿～420 亿兹罗提，欧盟公共基金可能会支持 44～105 亿兹罗提（总额的 20%～30%）。

### 6.3.3 能源

根据《波兰能源 2030 年规划》，波兰能源政策六大方向为：一是努力提升能源利用效率。目标是经济增长，但能源消耗量零增长，单位能耗产出达到欧元区 15 国的水平。二是稳定石油天然气等能源安全。规划将波兰储量丰富的煤炭作为稳定能源安全的重要砝码，同时考虑加强油气的运输和存储建设，多元化油气来源，提升与周边邻国互换电力的能力。三是多元化电力能源结构。为应对欧盟碳减排要求，将引入核电，削弱火电占比的电力结构成为方向之一。波兰规划 2020 年开始建设核电站，2030 年前至少建成两座，拥有 4 500 兆瓦装机容量。四是发展可再生能源。欧盟要求波兰 2020 年可再生能源占最终能源消费比例不低于15%，发展可再生能源成为方向之一。波兰根据实际，提出到2020年交通领域燃料10%实现生物质能，鼓励源于各地的分布式发电网络，利用国库部所有的河堰发电。五是打造公平竞争的能源市场。六是消减能源工业对环境的污染。2016年7月，波兰总统杜达签署了能源法案，该法案旨在进一步加强欧盟内部能源采购增值税征收，并规范与其他国家的能源贸易特许经营。这一改革又被称为“能源一揽子”方案，是强化全国增值税征收立法改革的一部分。该法案于8月1日起实施，预计可增加25亿兹罗提财政收入。根据该法案，对欧盟内能源采购，在进口5天内应缴纳增值税和消费税，税款将从进口商常规税收申报中的收入中扣除，与其他国家的能源贸易特许经营权只能授予波兰企业或在波兰有注册分支机构的外国企业。

2015年，波兰电厂总装机容量为40 344兆瓦，81.1%的电力来自燃煤电厂，火力发电占比相较2014年有所下降。2014年，波兰国内电力总供给量为1 725.66亿千瓦时，其中，国内生产1 590.58亿千瓦时，进口135.08亿千瓦时；电力总消耗为1 725.66亿千瓦时，其中，国内消耗1 509.74亿千瓦时，出口113.42亿千瓦时。2016年，波兰国内电力生产总量达1 626.26亿千瓦时，较上年增加0.5%。波兰电网总长约75万千米，其中1.35万千米为输电网，72.5万千米为中低压配电网。波兰将对电网，特别是农村地区电网进行必要的升级和扩建，以确保当地能源安全。

波兰位于西欧供电系统（UCTE）、东欧供电系统（独联体/波罗的海国家）和北欧供电系统（Nordel）三大电力系统的交汇处。波兰供电系统与欧盟国家（德国、捷克、斯洛伐克和瑞典）的最大联接能力是2 000～3 000兆瓦。波兰建筑公司Budimex在波兰西南城市Turow开工建设496兆瓦发电厂，该发电厂总投资43.5亿兹罗提，在2020年第二季度开始运转，将成为欧洲最先进的发电厂之一，能够满足100万户居民用电需求。

## 6.4 教　育

### 6.4.1 教育概况

自1989年以来，波兰高等教育体系已经做出很大努力，以跟上并扩大其课程范围。公立教育得到了蓬勃发展的私立教育的补足，二者竞相发展，满足了快速增长的需求。高等教育的入读率大幅提高。大学生人数从1990/1991学年的40.3

万人增加到2012/2013学年的167.7万，与西欧相比该数据相当不错。2013年，波兰共有453个高等教育机构。

在20世纪90年代，随着教师工资的下降，波兰许多拥有国家体系内终身职位的教师也开始为私立大学工作。2012/2013学年，波兰私立大学有305所。目前，大约有320所非公立大学为近三分之一的波兰学生提供教育。其中有305所是职业学校，另外15所是全日制大学。2012/2013学年，各类高校共有167.7万名学生，其中近45万人就读于私立院校，最受欢迎的专业是工商管理，波兰高校学生对教育学和社会科学的兴趣较低。目前，据中央统计局资料显示，在波兰高等教育机构学习的外国学生有36 000人，比去年增加7 000人。2010年，政府目标是拥有 5%的外国学生。大学（包括公立和私立）也开始提供部分时制、晚上和周末学习来迎合在职学生的需求。

波兰目前有19所获得完全资格认定的传统大学、23所技术大学、9所医科大学以及5所经济职业大学。除这些学校外，还有10所农业学院、4所师范大学、1所神学学院和2所海事服务大学。其中还有8所国办音乐学院。波兰总计有500多所高等教育机构，是欧洲教育机构最多的国家之一。经济合作与发展组织的国际学生评估项目将波兰的教育体系排在世界第23位，属于经济合作与发展组织的平均水平。根据培生集团2014年报告，波兰的教育体系在世界排名第10，在欧洲排名第5。

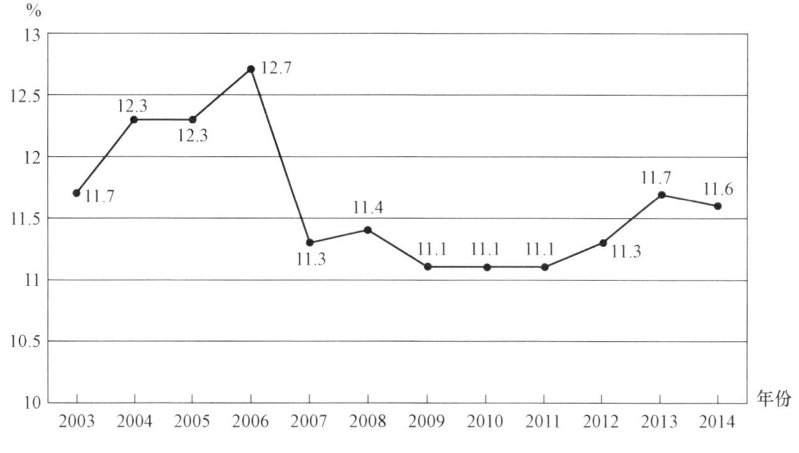


**图6-18 2003年—2014年波兰教育公共支出在政府总支出中的占比**

资料来源：wind数据库。

## 6.4.2 教育体制

1. 初等教育

波兰在 1932 年就已经普及 7 年制义务教育。波兰的初等教育系统分为以下几个阶段。

幼儿园（3 岁～5/6 岁的学生）；小学（6 年学制；6/7 岁～11/12 岁的学生）；初中学校（3 年学制，12/13 岁～15/16 岁的学生）；高中学校（各种类型，为期 3 或 4 年）。在每个阶段都设有公立机构（由公共机关运行和大部分由公共资金维持）和私立机构（由私人拥有者运行和完全由私有资金维持）。另外还有社区学校，由父母协会运行和维持。

（1）幼儿园

公办幼儿园的学生年龄在 3 岁～5 岁。这些幼儿园主要提供关怀和教学服务。当父母上班时，它们给孩子们提供照顾，还促进他们社会发展和智力发展。对外国孩子也是一个很好的学波兰语言的机会。公办幼儿园工作时间为周一至周五。

学生免费待在幼儿园的时长由当地政府决定。如果孩子多留的话，必须由父母额外支付费用。当地政府还确定出一个日历年的应付每小时收费标准。因此，不同城市的费率不同。原则上，父母还应支付孩子在幼儿园的餐费。除了幼教人员的教育活动方案，大多数幼儿园机构还提供各种符合不同年龄段的收费课外活动。5 岁以上的儿童有义务待在幼儿园，因为在幼儿园最后一段期间要为孩子的学校教育做准备。

（2）学前班

学前班，也称为 0 年级，针对的是下一学年即将在小学一年级学习的儿童。波兰教育系统正在进行课程改革，其中之一就是将开始上学的年龄从 7 岁降至 6 岁。目前，儿童还是 7 岁强制开始上学。关于 6 岁的儿童，父母自己决定他们的孩子是否开始上小学 1 年级还是 0 年级，在那里将会学习与 7 岁儿童同样的内容。选择这两种形式之一是强制性的。

进入 0 年级学习，是为孩子开始学校教育做准备，尤其是学习写作、阅读和算术，可以在幼儿园和小学里组织。儿童在零年级上学的收费取决于所安排的机构种类。在这两种机构中，都由家长支付学前班儿童的餐费。这两种机构都给孩子们提供照顾，直至下午晚些时候。

（3）小学

小学教育学制为 6 年，分为两个学习阶段。1 年级至 3 年级，学生接受一体化教育。1～3 年级的学生，学校在公共活动室里提供免费的照顾，通常是从 7:00 至 17:00 或 18:00。在这个时候，学校举行免费和付费的额外活动。在许多学校中，在公共活动室里一位老师的照顾下，孩子们还可以做功课。在 4～6 年级，已经分为不同老师授课的科目，其中一个老师兼任班主任，专门负责教育事务。高年级的学生，只有在特殊情况下方可以使用学校活动室。一所学校的学生都可以在学校食堂吃午饭，这些要每月提前支付费用。

**图 6－19　1971 年—2014 年波兰学前教育总入学率**

资料来源：Education Statistics。

总入学率是指特定阶段教育的总入学人数在达到官方规定的特定入学年龄的人群中所占的百分比。这个比率可以超过100%，因为其中包括了那些晚入学或留级的超龄儿童，以及那些入学过早的低龄儿童。

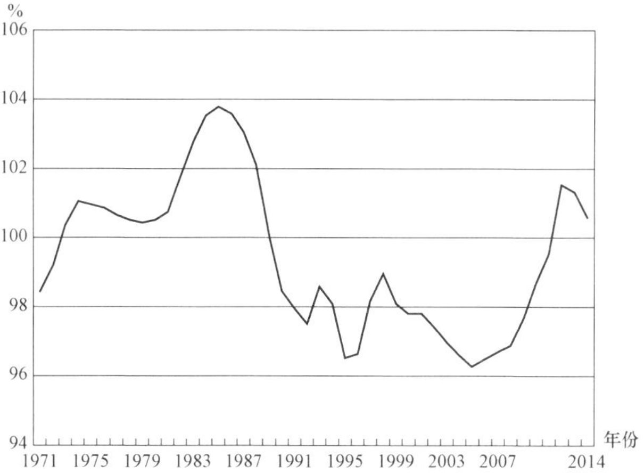


**图 6－20　1971 年—2014 年波兰小学教育总入学率**

资料来源：Education Statistics。

（4）中学

小学毕业后，所有学生有义务在 3 年制的初中学校继续接受教育。学生在初中毕业后入学的学校，在波兰称为高中学校。它们有以下几种类型：3 年的普通高中，毕业有预科考试；4 年的专科高中学校，毕业得到专科毕业证以及预科考试；3 年的中等职业学校，毕业得到专科毕业文凭，确认选定职业的职业资格。如果想要参加预科考试，需要在辅助高中或在辅助的专科高中学校，或在成人的辅助普通高中继续学习。高中学校和专科高中学校毕业生可进一步升学到中学后学校，或者通过预科考试后升学至高等学校继续接受教育。

**图 6－21　1971 年—2014 年波兰中学教育总入学率**

资料来源：Education Statistics。

**表 6－2　2003 年—2014 年波兰学前教育、初等教育、中学教育及高等教育入学率**

| 年份 / 入学率（%） | 2003 | 2004 | 2005 | 2006 | 2007 | 2008 | 2009 | 2010 | 2011 | 2012 | 2013 | 2014 |
|---|---|---|---|---|---|---|---|---|---|---|---|---|
| 学前教育 | 79.2 | 77.3 | 77.1 | 73.1 | 69.7 | 65.2 | 61.9 | 60.6 | 57.8 | 55.5 | 53.5 | 51.3 |
| 初等教育 | 96.9 | 96.6 | 96.3 | 96.5 | 96.7 | 96.9 | 97.6 | 98.6 | 99.5 | 101.5 | 101.3 | 100.6 |
| 中学教育 | 104.2 | 96.3 | 98.5 | 97.9 | 97.7 | 97.2 | 96.7 | 96.7 | 97.0 | 97.4 | 108.7 | 97.7 |
| 高等教育 | 59.5 | 60.7 | 63.0 | 64.6 | 66.2 | 68.9 | 70.8 | 73.2 | 73.2 | 72.8 | 71.2 | 68.1 |

资料来源：Education Statistics。

表 6－3　　2009 年—2018 年波兰人受教育情况

| 指标 \ 年份 | 2009 | 2010 | 2011 | 2012 | 2013 | 2014 | 2015 | 2016 | 2017 | 2018 |
|---|---|---|---|---|---|---|---|---|---|---|
| 受教育程度统计（%） | 91.3 | 91.0 | 90.1 | 89.8 | 89.7 | 90.4 | 90.8 | 90.0 | 90.5 | 91.2 |
| 男性（%） | 89.3 | 88.4 | 87.5 | 86.6 | 86.0 | 87.4 | 88.3 | 89.0 | 88.7 | 89.7 |
| 女性（%） | 93.2 | 93.8 | 92.8 | 93.2 | 93.6 | 93.6 | 93.5 | 92.8 | 92.6 | 92.7 |
| 自然、技术和计算机领域高等教育毕业生（千人） | 2.0 | 2.2 | 2.5 | 2.5 | 2.5 | 2.5 | 2.7 | 2.6 | 2.8 | — |
| 男性（千人） | 2.6 | 2.8 | 3.2 | 3.1 | 3.0 | 3.0 | 3.2 | 3.1 | 3.3 | — |
| 女性（千人） | 1.5 | 1.6 | 1.8 | 1.9 | 2.0 | 2.0 | 2.3 | 2.3 | 2.4 | — |
| 开支（占国内生产总值比例—%） | 4.82 | 4.66 | 4.52 | 4.52 | 4.47 | 4.43 | 4.44 | 4.36 | 4.30 | — |

资料来源：波兰中央统计局。

2. 高等教育

波兰高等教育包括三个阶段的学习：第一阶段为本科教育，学制为 6～8 个学期，授予学士学位；第二阶段为硕士教育，学制为 3～4 个学期，授予硕士学位；第三阶段为博士教育，学制为 6～8 个学期，授予博士学位。还有一种长周期学习，即本硕连读项目，学制为 10～12 个学期，授予硕士学位。

（1）波兰高等教育概况

波兰有着悠久的历史，文化遗产丰富，也孕育了诸多名人。波兰的博物馆数量众多，文化生活精彩纷呈。成立于 1364 年的雅盖隆大学（Jagiellonian University）是中东欧第二古老的大学。在文化名人方面，波兰可谓是“名人之乡”：日心说的创立者哥白尼、作曲家肖邦（Fryderyk Franciszek Chopin，1810 年—1849 年）、“镭元素之母”居里夫人（Maria Skłodowska Curie，1867 年—1934 年）等知名人物均来自波兰。在科技和制造业等方面，波兰在世界上也一直有着不俗的表现：在 2016 年布鲁塞尔国际发明展上，波兰获得 27 块奖牌；美国国家航空航天局（NASA）的 Ariss 天线就是由波兰的弗罗茨瓦夫大学研制的。有不少在世界著名科技机构从事研究工作的科学家都曾在波兰接受过高等教育。波兰人口中接受过高等教育的比例超过 40%，每年有超过 40 万的大学生毕业。自 1989 年波兰转轨以来，其高等教育经历了飞跃式发展。根据波兰全国人口和住房普查数据，2011年，30岁～34岁接受过高等教育的人数是2002年的三倍。作为欧盟成员国，波兰政府的目标是，到2020年，30岁～34岁接受过高等教育的人数达到人口总数的45%，超过欧盟同期40%的目标。近三十年来，波兰高等教育的飞速发展主要归因于三个方面：国家体制改革、对外开放、基础设施改善、资金投入增加（其中欧盟的支持功不可没）背景下优质私立教育引入、教育改革等因素共同发力；婴儿潮的出现和就业市场需求的变化；个人学历在一定程度上影响着其就业情况，高学历带来高收入成为个人积极寻求高学历的动力之一。

（2）波兰高等教育办学机构

波兰共有134所公立大学、297所私立大学。私立大学虽然数量众多，但规模较小，公立大学培养了75%的大学生。在公立大学中，雅盖隆大学和华沙大学（University of Warsaw）的排名比较靠前。在私立大学中，华沙科依敏斯基大学（Kozminski University in Warsaw）和社会科学与人文学大学（SWPS）的表现不俗。有趣的是，虽然所有私立教育机构的英文名称都被翻译成“大学”，但迄今，SWPS是波兰唯一被波兰科学与高等教育部认定为大学的私立高等教育机构，其他的私立教育机构仍被认定为“学院”。

在学制上，波兰大学有全日制和非全日制两种，约60%的学生接受的是全日制教学。在公立大学中，全日制教学免学费，按学期授课。冬季学期从每年的10月1日到次年1月末，夏季学期从每年2月底到6月中旬。一些高校同时开设收费的学位课程，在满足社会需求的同时还可以获得额外收入。私立高校80%的学生是非全日制学生，教学通常在周末进行，每门课程持续2～3周。目前，接受非全日制教育的学生大多是由雇主派遣的或以寻求职业发展为目的的个人。

（3）高等教育体系“知识欧洲”（Europe of Knowledge）

这一概念界定了欧盟成员国的共同教育目标，指出科技和高等教育创新是推动社会发展的重要因素。1999年6月，包括波兰在内的29个国家签署了《博洛尼亚宣言》（Bologna Declaration），开启了欧洲高等教育一体化进程（博洛尼亚进程）。

目前，博洛尼亚进程成员国由最初的29个逐渐扩展到48个，由此形成了被大家所熟知的“欧洲高等教育区”（European Higher Education Area，EHEA），其成员国有义务执行《博洛尼亚宣言》所做出的决议。这些决议包括：建立欧洲学分转换制度（European Credit Transfer System，ECTS）；学历教育本科、硕士、博士三段式分级：获得本科学历至少需要3年（6个学期），硕士阶段2年，博士阶段4年。

加入博洛尼亚进程后，波兰高校教育实现两阶段分级制。按照欧洲学分转换制度标准，在本科阶段，学生获得文学学士学位须达到180学分，获得理学学士学位须达到240学分；在硕士阶段，学生获得文学硕士学位须达到120学分，获得理学硕士学位须达到90学分。

**图6-22　1971年—2014年波兰高等教育总入学率**

数据来源：Education Statistics。

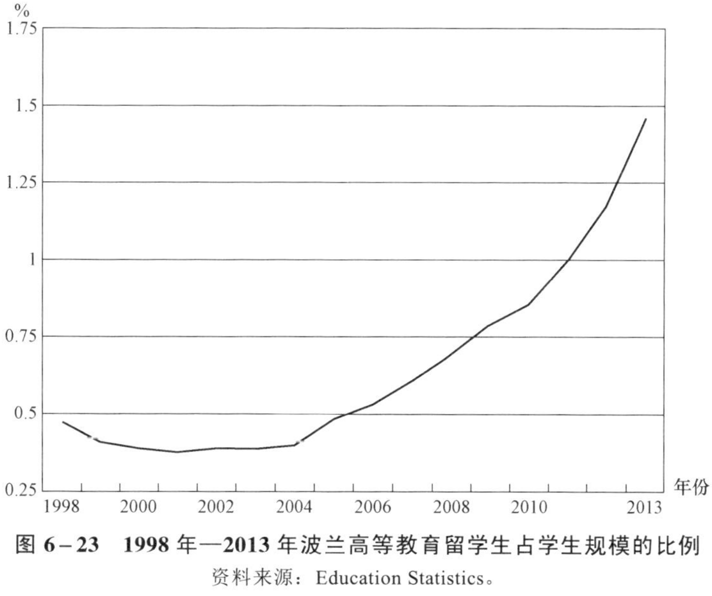


**图6-23　1998年—2013年波兰高等教育留学生占学生规模的比例**

资料来源：Education Statistics。

# 6.5 旅　　游

## 6.5.1 华沙市

首都华沙是波兰政治、经济、文化和交通中心，位于维斯瓦河中东段的两岸。南北沿河延伸约 29 千米，东西宽 26 千米，面积约 500 平方千米。市区居民 160 余万。全年气候温和，7 月平均气温为 19℃，1 月为 4℃。年平均降水量为 560 毫米。

华沙在公元 10 世纪就有居民点，15 世纪初具城市规模。1596 年成为波兰首都。第二次世界大战期间遭受严重破坏，战后迅速重建。主要工业有：机械制造（汽车、电机）、金属加工、冶金、化学、制药、食品、印刷和纺织等。华沙有波兰科学院、华沙大学（创办于 1816 年）、华沙理工大学等高等学府和一些专科学院。文化设施有国家图书馆（藏书 260 余万册）、国家博物馆、国家剧院、艺术陈列馆等。1927 年和 1935 年分别开始举行国际肖邦钢琴比赛和小提琴比赛。古城有 17、18 世纪的建筑古迹。肖邦故居在华沙西北郊热拉佐瓦·沃拉村。

1. 华沙古城

华沙古城是华沙最古老的地方，也是首都最有特色的景点之一。它建于 13、14 世纪之交，扩建于 15 世纪，改建于 17 世纪，建筑风格为哥特式。古城的中心有一个宽广的方形市场，当时的市政机关、商店和手工业作坊都集中在这里。城市中最富有的人们也都在此居住。为了防御，古城周围筑有城墙和护城河。1944 年，华沙起义初期，起义者解放了古城。起义失败后，德国法西斯把古城毁成一片废墟。战争一结束，波兰人民就着手重建华沙古城。1949 年，古城广场四周耸起第

图 6－24　华沙古城

一批建筑物。1953 年 7 月 22 日，举行隆重移交仪式。1963 年，整个工程竣工。古城每座建筑物的外貌都保留了原来的建筑风格，而其内部结构和设施则是按照现代建筑技术进行改建的。

2. 华沙王宫（Royal Castle in Warsaw）

华沙王宫华沙城堡建于 13 世纪末，原是土木结构。1569 年—1572 年，城堡改建为泽格蒙特·奥古斯特国王（King Zegmont August）（先为公爵）的王宫和议会驻地。泽格蒙特三世（Zygmunt Ⅲ Waza）迁到华沙后，于 1598 至 1619 年间扩建了城堡。王宫就坐落在这座古城当中，成为一个五角形的建筑物，其中有引人注目的泽格蒙特塔楼。1636 年—1637 年，在王宫南侧修建了瓦迪斯瓦夫四世歌剧院。扬·索别斯基三世（Jan Sobieski Ⅲ，1674 年—1696 年）在位时装潢了王宫内部。奥古斯特二世（August Ⅱ，1697—1733 年）在位时建成众议院大厅、参议院大厅和国王大厅。1741 年—1746 年，在王宫东侧又增添了一翼。

华沙王宫在第二次世界大战期间遭破坏，1971 年 1 月重建。在王宫广场中心，耸立着泽格蒙特三世圆柱纪念碑，是由瓦迪斯瓦夫四世（Wadislaw Ⅳ）为纪念其父泽格蒙特三世迁都华沙 1644 年兴建的。圆柱高 30 米，人像高 2.75 米。站立在圆柱上的泽格蒙特三世头戴王冠，身披战袍，手执利剑和十字架。民间传说国王宝剑的指向含有不同的意思：向上指时，象征胜利和幸运；向下指时，预示厄运和衰亡。

3. 华沙美人鱼（Warsaw Mermaid）

根据民间传说，在很久以前，一位名叫齐格蒙特的国王在全国到处巡游，想为王国寻找一个理想的京都。一天，国王来到维斯瓦河畔一座风景秀丽的孤家村落，这里住着一户渔民，国王四处查看时，一条人身鱼尾的美人鱼从河里跳出水面，为国王唱了一支优美动听的歌。国王立即爱上了这个地方，遂决定在这里建都。国王问正在河边戏耍的两个渔家孩子："这个地方叫什么名字？"孩子回答："没有名字"。国王又问孩子叫什么名字。哥哥答，叫"瓦尔斯（Wars）"，妹妹答，叫"沙娃（Sawa）"。于是国王决定将他们的名字连在一起，作为这个地方的名称，这就是"瓦尔沙娃"（中文译为"华沙"）。美人鱼从此成为波兰首都华沙的象征，被认为是华沙的守护神。

华沙第一座美人鱼铜像建于 1855 年，位于华沙古城市场中心。目前耸立在维斯瓦河畔的美人鱼铜像，比第一座铜像大很多，姿态也更加优美。它是由波兰著名女雕塑家卢德维卡·尼特斯霍娃于 1934 年以波兰女英雄什塔海尔斯卡为模特创作的，于 1937 年建成。在希特勒德国侵占波兰期间，美人鱼铜像悄然失踪，直到波兰解放后才重新出现。原来，在德国法西斯军队入侵前，人们把这座铜像拆卸掩埋，精心保护起来。波兰人民共和国成立以后，人们把她重新竖立在维斯瓦河畔。

图 6-25 美人鱼铜像

4. 无名烈士墓（Grob Nieznanego Zolnierza）

华沙无名烈士墓建于1925年，位于毕苏茨基广场（Piłsudski Square）。第二次世界大战期间遭到毁坏。现在的无名烈士墓是在废墟上经过整饰而成。无名烈士墓的大理石上镌刻着波兰军队曾经战斗过的地点和日期，墓中存放着从波兰烈士

图 6-26 无名烈士墓

们牺牲的战场上收集的泥土。无名烈士墓是波兰举行各种节庆、纪念仪式的重要场所。按照波兰外交礼仪规定，外国重要代表团来访和驻波兰使节到任均应向无名烈士墓鲜花。

5. 瓦津基公园（Wazinki Park）

因公园内有肖邦的雕像，故被中国人称为“肖邦公园”。它是波兰最美丽的公园之一，具有英国园林风格。原是波兰末代国王斯·奥·波尼亚托夫斯基（S.O Poniatowski，1766 年—1795 年）的别墅。园内宫殿、楼阁、池沼、草地错落其间，还有玫瑰园、柑橘园等。最负盛名的水上宫殿——瓦津基宫，雄伟多姿，富丽堂皇。原是皇宫官员住处，现为国宾馆之一。宫殿中央悬挂吊灯的圆形大厅，四周建筑的装饰各具特色。据介绍，殿中曾存放着 200 幅画、60 件艺术品、17 台钟表和 80 座雕像。这座水上宫殿于 1944 年秋曾遭受希特勒分子的洗劫和破坏，1960 年开始重建和修复。在其东北方向坐落着梅希莱维茨基宫。这座宫殿保存完好，未受战争破坏。对中国人来说，更具特别意义的是，20 世纪 60 年代，这里曾举行过著名的中美大使级会谈。

在瓦津基公园出入口的最高处，屹立着一座巨大的肖邦雕像，它是用深褐色的装饰铜铸成，高 5 米，重 16 吨，宽大的底座由浅褐色的花岗岩砌成。雕像构思深邃独特，造型新颖别致：肖邦坐在一棵柳树下，上身微微右倾，树干向左展开，一斜一展，显示出了明快的节奏。肖邦的头发和斗篷在风中向右飘动，柳树的枝叶也被吹拂到右边，垂落到铜像身后。细心端详，这飘垂的枝叶，宛如一只具有象征意义的大手；在枝叶的飘拂下，人体和树干融成一个完美和谐的整体。肖邦两眼轻合，眉头微皱，流露出一丝淡淡哀愁；紧闭的双唇和面部刚劲的轮廓却显示出他内心的倔强。第二次世界大战期间，这尊雕像曾被破坏。1958 年 5 月，肖邦雕像又重新立起。在肖邦协会的组织下，每年 6～9 月，每逢星期六和星期日，都要在肖邦雕像下举行露天音乐会。

图 6－27　肖邦雕像

6. 维兰诺夫宫（Whelan Romanov Palace）

维兰诺夫宫（也称夏宫）位于华沙南郊，是波兰最秀丽的宫殿公园之一。波兰国王扬·索别茨基三世于1677年把这一地区据为己有，在国王秘书、业余工程师、意大利裔波兰人阿·罗齐（O Rosie）的设计和指导下，它被修建成华丽的郊外别墅，整个建筑为巴洛克式。夏宫曾数易其主。18世纪末、19世纪初，波托茨基继承了夏宫的所有权。他博学多才，曾集中人力财力搜集散失在国外的艺术珍品，在夏宫修建了欧洲绘画陈列馆、波兰人像陈列馆等，供游人参观。1802年，他又在王宫北侧修建了哥特式陈列馆，内有中国房间，收藏中国艺术品。

1806年—1821年，夏宫北侧花园内修建了中国式凉亭和罗马式桥梁。夏宫曾于1794年被沙俄军队占领，内部遭受严重破坏。第二次世界大战期间，还遭受到德国法西斯大肆掠夺和破坏。波兰解放后，夏宫重归国有，后对外开放。

**图6-28　维兰诺夫宫**

7. 肖邦故居

华沙西北约50千米的幽静小村热拉佐瓦·沃拉，是驰名世界的波兰作曲家、钢琴家肖邦的诞生地。肖邦出生于教师家庭，6岁开始学琴，8岁首次演出，轰动华沙，被誉为“波兰的莫扎特”。1826年—1829年，肖邦在华沙音乐学院深造。1830年定居巴黎，从事创作和教学。1849年在巴黎逝世。肖邦的心脏现安放在华沙圣十字教堂。肖邦的作品有钢琴协奏曲两部，钢琴奏鸣曲三部以及玛祖卡舞曲等，曲调多样，和声优美，动人心弦。由于肖邦一生憎恨俄国对波兰的民族压迫，故不少作品反映了他对故国家园的深情怀念，对民族独立的渴望以及忧国伤时的悲愤心情。

图 6－29 肖邦故居

现在的肖邦故居纪念馆是二战后重建的。一排白色的小屋掩映在绿树鲜花之中。室内保留当年的风貌，存放着肖邦少年时的作品和他曾经使用过的“长颈鹿”竖式钢琴。每到周日，这里都要举行音乐会，由世界各地著名的钢琴家弹奏肖邦作品。故居外的庭院风景如画，种植着由波兰各地捐献的名贵花草树木，院内竖立着肖邦的雕像。溪水潺潺，琴声飘飘，这里优美的环境吸引了不少游客前来休闲、散步。

8. 涅伯鲁夫庄园（Palace Nieborow）

涅伯鲁夫庄园距华沙市区 70 多千米。于 17 世纪由荷兰建筑学家设计建造，18 世纪进行扩建，并构建了一座美丽的公园。它具有巴洛克式建筑风格。曾为拉杰约夫斯基主教的贵族庄园，现为华沙国家博物馆分馆。这里曾是贵族聚会的场所。

图 6－30 涅伯鲁夫庄园

这座庄园里陈列着许多艺术品（其中有尼俄伯的古式头像）及珍贵的古老印刷品。宫殿旁有马厩和两个柑橘园。园内有“石头夫人”及早期浪漫时期的耻辱柱。

## 6.5.2 克拉科夫市

克拉科夫市位于波兰南部离华沙约 300 千米的维斯瓦河畔，人口约 70 万，是波兰最大的文化、科学、工业与旅游中心。公元 10 世纪末，克拉科夫被并入波兰版图之前，维斯瓦公爵已在此建都。从“复兴者”卡齐米什国王（1034 年—1058 年）起，克拉科夫成为波兰首都。从 1320 年起，克拉科夫为国王的加冕地。1794 年，科希秋什科起义以克拉科夫为中心。波兰被完全瓜分后，克拉科夫隶属奥地利。第二次世界大战期间，克拉科夫市被并入德国版图的“总督辖区”。当时克拉科夫是波兰最大的抵抗中心之一。1948 年，克拉科夫兴建了大型的钢铁联合企业，从而带动了整个城市经济的迅速发展。这里的雅盖隆大学建立于 1363 年，是波兰最古老的大学，也是欧洲最古老的大学之一。

1. 克拉科夫古城（Kraków）

古时曾是克拉科夫的市中心，称作“主市场”。14 世纪时，商人们在这里经营各种呢绒制品，并在这宽敞美丽的广场上建起了专门的交易大楼——苏肯尼茨交易楼，文艺复兴时期又进行重建。目前该大楼一层是经营各种呢绒制品，二楼是国家博物馆画廊，收藏着 18 至 19 世纪画家的作品。其旁边耸立着一座哥特式塔楼，原是市政厅，目前是历史博物馆。古城还有一座著名的玛利亚教堂。这是波兰最漂亮的哥特式古建筑之一，高 81 米，里面陈列着许多珍贵的艺术品，如著名的总祭坛（1477 年—1489 年建成）、著名铜版艺术家斯托什雕刻的带有耶稣受

**图 6–31 克拉科夫古城**

图 6-32　克拉科夫瓮城

图 6-33　克拉科夫中央集市广场的亚当·密茨凯维奇（Adam Mickiewicz）铜像

图 6-34 克拉科夫著名的纺织会馆

难画面的十字和五彩缤纷的玻璃绘画等。此外，每隔 1 小时，教堂钟楼上的号手都会吹响一次长号。据记载，这是为纪念中世纪抵抗异族入侵的一位忠于职责、坚守岗位的号手而流传下来的。

2. 瓦维尔宫（Wawel Castle）

瓦维尔宫建立在克拉科夫市维斯瓦河畔石灰岩山岗上，是波兰古迹最为集中的宫殿之一。卡齐米什时期（1333 年—1370 年）以此作为王宫。1595 年，瓦维尔宫遭受火灾。此后，泽格蒙特三世将王国首都迁往华沙。波兰第三次被瓜分后，奥地利侵略者将瓦维尔宫改为兵营，王宫再次遭到破坏。瓦维尔宫现为国家博物

图 6-35 瓦维尔宫

馆，这里除国王接见、议事、宴请、起居的厅室对外开放外，在王宫东厅展出了历代名家油画、金银线壁毯、古老家具、古代兵器、国王衣饰用品等，王宫内还设有东方物品陈列室。在城堡内的主教堂里，陈列着历代波兰国王克拉科夫主教的古棺。波兰许多著名历史人物的遗体也葬在这里，其中包括世界闻名的波兰诗人密茨凯维奇、斯沃瓦茨基，民族英雄科希秋什科以及毕苏茨基等人。主教堂钟楼上悬挂着波兰第一大钟——泽格蒙特大钟。登上钟楼可一览克拉科夫的风光。

3. 维利奇卡盐矿（Kopalnia soli）

欧洲最古老且目前仍在开采的盐矿之一。位于克拉科夫市郊区，傍喀尔巴阡山。早在1044年以前就有人在这里采盐，1290年获得城市权。从14世纪起，维利奇卡盐矿使克拉科夫成为采矿业城市之一。15至16世纪是鼎盛时期，18至19世纪盐矿开始扩建，成为波兰著名的盐都。1976年被列为波兰国家级古迹，1978年被联合国定为世界文化遗产之一。盐矿矿床长4千米，宽1.5千米，厚300～400米，巷道全长300多千米。迄今已开采了9层，深度为327米，共采盐2 000万立方米。为了方便视察和参观，早在1744年就在矿井内兴修了楼梯通道。在离地面130多米深的盐道上建起了世界上罕见的供旅游者参观的游览胜地。那里建有博物馆、娱乐大厅，保留了原有的盐湖、祈祷堂和矿工们劳动场面的原貌。里面有许多雕像和装饰品，均用盐精雕而成。著名的雕塑作品有达·芬奇的《最后的晚餐》。该盐矿不仅可供游人参观，还可供某些疾病患者来此治疗。1964年，在盐矿第5开采区211米深处开设了研究过敏性疾病的疗养所，1974年，又在矿井下建成了一座疗养院，供呼吸道疾病患者疗养治病。

图6－36　维利奇卡盐矿

4. 奥斯维辛集中营（Obóz Koncentracyjny Auschwitz-Birkenau）

奥斯维辛集中营位于波兰南部小波兰省境内。1940 年 4 月 27 日，德国法西斯头子希姆莱尔下令在此修建最大的灭绝人性的杀人工厂——奥斯维辛集中营，并于同年 6 月 14 日将首批犯人运抵奥斯维辛。1941 年集中营扩建，二战结束时，整个集中营占地面积达 40 平方千米。除斯塔姆拉格、布热津卡、莫诺维采三个主要集中营外，还有 45 个分营。营内 5 个焚尸炉平均每天焚尸 1 万具。包括中国人在内的 28 个民族的 400 万人死于集中营，其中犹太人最多，达 250 万。1947 年，被开辟为国家博物馆。1979 年，被列入联合国世界文化遗产名录。

图 6－37　奥斯维辛集中营

## 6.5.3　格但斯克市（Gdańsk）

格但斯克市位于波罗的海沿岸，维斯瓦河的入海口。波莫瑞省首府。人口约 47 万。它是波兰北部最大的城市。与索波特、格丁尼亚两市形成庞大的港口城市联合体——三联城。

格但斯克是波兰重要的造船、石油化工、机械和食品加工工业中心，有两个海港。同时它还是重要的科学、文化、艺术、高等教育和博物馆学中心。海洋旅游和娱乐业发达。城市的陆路、铁路和水路交通便利，空中航线连接着波兰各地及邻近国家。格但斯克还因历史上多次爆发工潮而成为波兰第二大政治中心。公元 997 年，布拉格的霍耶华大主教到濒临波罗的海的格但斯克传播基督教，成为格但斯克城市历史的开始。14 世纪后，该市长期被普鲁士人占领，称其为但泽市。1919 年，第一次世界大战德国战败后，凡尔赛公约确定格但斯克为自由城市。二战后，重归波兰。

格但斯克是波兰历史文化名城，拥有众多形式独特的古建筑群，多具哥特式和文艺复兴时期的风格。其中，古城、圣玛利亚琥珀街、“圣扬”教堂、古城墙等最为著名。

波兰盛产波罗的海琥珀，为世界琥珀储量最丰富的国家之一。从古代开始，格但斯克就集中了众多琥珀加工作坊，其设计精美、制作考究，每年都吸引了大量来自德国、日本、韩国和中国香港等地的珠宝商前来洽谈业务。

图 6-38　格但斯克

## 6.5.4　维斯特布拉德半岛（Westerplatte）

维斯特布拉德半岛，源于荷兰语，意为“西边的沙洲”，位于波兰最大河流维斯瓦河支流入海口，长 1 700 米，最宽处 600 米。1924 年，根据国际联盟决议，波兰在半岛上建立了一个军事转运仓库。1939 年 9 月 1 日，德国军舰向驻守在半岛的波军发起进攻，打响了第二次世界大战的第一枪。当时驻守在半岛上的波军将士只有 210 人，而进攻的德国士兵达 3 000 人。波军将士顽强抵抗了 7 天，终因弹尽粮绝而投降。9 月 21 日，希特勒特意登上半岛，查看这个曾被德国报界称为“波兰小凡尔登”的地方。现在半岛上残存着 5 个士兵营房的废墟，建有曾指挥抵抗德军的苏哈斯基（Sue husky）少校及士兵的墓碑。在人工土丘上耸立着高

70 米的“海岸卫士纪念碑”，上面镌刻着二战期间欧洲战场上历次著名战役的名称。

图 6－39 维斯特布拉德半岛

# 参考文献


[1] Nazarko J, Czerewacz-Filipowicz K, Ku Micz K A . Comparative analysis of the Eastern European countries as participants of the new silk road [J]. Journal of Business Economics & Management, 2017, 18(6): 1212－1227.

[2] X Zheng, Zhang L, Chen R, et al. International trade structure and analysis of complementarity between China and Poland, the Czech republic and Hungary [J]. Argumenta Oeconomica, 2019, 2(43): 39－65.

[3] 鞠维伟. 中东欧国家对华舆论报道的立场、特点及对我国的启示——基于捷克、波兰、匈牙利、塞尔维亚四国媒体对华报道的分析[J]. 贵州省党校学报，2019（02）：96－102.

[4] 杨波，杨露. 中国与波兰农产品贸易特征及竞争性与互补性分析[J]. 浙江万里学院学报，2018，31（05）：14－20.

[5] 姬文刚. 波兰的经济转型及社会发展：阶段、成就与挑战[J]. 欧亚经济，2018（04）：57－78＋126＋128.

[6] 陈春华. 波兰在欧盟影响力的发展趋势与决定因素[J]. 俄罗斯东欧中亚研究，2017（03）：117－133＋158.

[7] 陈思杨. 波兰对接"一带一路"倡议的机遇与挑战[D]. 北京：北京外国语大学，2017.

[8] Paulina Sylwia Hryniewicz（何璇）. 波兰—中国战略伙伴关系的建立与发展[D]. 北京外国语大学，2015.

[9] 姚玲. 新时期扩大中国对波兰投资合作的思考[J]. 国际经济合作，2015(01)：24-30.

[10] 茅银辉. 波兰对外关系的变化及中波关系的机遇与挑战[J]. 现代国际关系，2016(6)：57-64+66.